義理と人情の経済学

山村英司

東洋経済新報社

はじめに

人工知能が人間の能力を追い越すなど、昭和生まれの私にはＳＦ世界の出来事でしかなかった。流行したドラマ「スター・トレック」で描かれたような地球を離れた宇宙空間における人間生活と同じくらい現実味のない世界。これが、部分的にせよ現実のものとなっている。例えば、将棋、囲碁。これらのボード・ゲームでは、人類はＡＩに対して全く歯が立たない。ボード・ゲームのプロ棋士は、そのうち消えていなくなるのだろうか？ 20年以上も前にチェスの世界チャンピオンはコンピュータに敗れた。

しかし、今もチェスのプロは存在している。チェス、将棋、囲碁などのプロ同士の対局を観戦するのは、ＡＩではなく人間である。つまり、ボード・ゲームの強さ以外の要素に対して、人々は関心を持っている。おそらくは生身の人間が織り成す戦いに、人々は何かを感じているからだろう。広義での「人情」がプロ棋士の対局への需要を喚起している。人情が社会のありようや経済活動の根底にあることに変わりないだろう。

供給面に目を転じてみよう。将来的にＡＩは人間の仕事の半分を代替すると言われている。しかし、所詮は人工物に過ぎないＡＩは感情を持たない。人間の感情を受け止めて対応する必要がある職業にＡＩが取って代わることはないように思える。しかし実は先端分野ではＡＩにいろいろな人の感情を再現させる試みがなされている。「ＡＩを人間のように作って、感情などを上手に盛り込むことによって、人間とのコミュニケーションを容易にすることを重視」した研究がある[1]。

ＡＩが機能するには、まず人間がフレームを設定し、膨大な既存情報を入力することが必要である。ＡＩに模倣させようとしている「感情」は、社会全体から人間の行動に関するビッグデータを集めて算出される平均値に過ぎない。人間が現実的に行う対人的なやり取りでは、その状況や文脈に合わせた行動が求められる。その際に、人間は無意識のうちに常識や文化を指針にしている。東大合格を目標にしたＡＩ「東ロボくん」を作るプロジエクトが社会の注目をあびた。このリーダーの新井紀子氏が出した結論によれば、「東ロボくん」は永遠に東京大学に合格することはない（新井［２０１８］）。ＡＩには文脈を把握する能力や常識がないことが大きな壁になっているのだという。

ＡＩが人間と同等の働きをするためには、ＡＩに情報を与えて常識や文化を身につけさせる必要がある。しかし、そのために必要な情報の種類や量は膨大である。さらに、常識や文化は地域や時代によって違いがある。したがって、ネットを通じて世界中から情報を収集しても意味はない。つまり、現実に収集可能な情報量が圧倒的に不足している。本書で扱うのは「感情」ではなく、「人情」である。ここで、「感情」とはその時々の状況に応じて「本能的に感じる心の動き」であるとする。「人情」は長い時間を経過しても「持続するような心」である。そして、人類全体で平均的に観察されるのが「感情」、文化や歴史を背景として形成されるのが「人情」である。つまり、「感情」は世界中の人達に共通する生物的な「情」だとするなら、「人情」は人々が生きる場所や時代などによって多様性がある文化的な「情」である。

　本書の特色は、すべてのテーマが「血の通った人間」が自然に持つ「人情」やそれに付随する「義理」に関わる。さらには「共感」がいたるところで重要な働きをすることを示す。これは地域や時代の社会的文脈によって変化する。日常の中で、人情を理解することは重要であり、経済活動をする上でも鍵となる。私はこれまで、スポーツの経済学、信頼の経済学、教育の経済学、家族の経済学など、多様な分野で「人情がらみ」の研究を行ってきた。心理学のように実験によって分析するのではなく、現実社会のデータを集めて独自に分析を進めている。本書はこれらの研究から得られた知見を、一般向けに紹介することを目的とする。[2] ここで、少し例をあげてみよう。

立ち食い蕎麦チェーンの「名代富士そば」では、従業員の会社への貢献以上に給料を支払う。さらには、アルバイトの人にさえボーナスを出す。入社面接に来た人に、社長は気前良く食事を奢っていたこともあるそうだ。まだ入社するかどうかも不明な人に対して余分なコストを払うことの意味がわからない。そう考える人もいるだろう。当たり前のことだが意味のないコストがかさめば、会社はつぶれる。しかし、「富士そば」にはその徴候はなく、繁盛している。したがって、無意味に思えるコストが、実は非常に重要な投資に使われており、社員の「心を鷲づかみ」にするのである。会社で働くのは機械ではなく、人間である。さらには社員になるかどうかわからないけれど入社を希望するのも人間である。並外れて人間を大切にする会社に対して、自然と恩義を感じる。「義理」を果たすために、社員はヤル気満点で働くのである。

では「義理」は「日本人」特有の感情なのだろうか？　アメリカのハーバード大学の経済学者でジャッド・クレイマーという人がいる。経済学などに関心を持ったことが全くない人も彼のことを知る人はいるだろう。２０１９年にネットニュースで、クレイマー氏が日本の恩人を捜していると報じられた。14年ほど昔、高校時代の日本人クラスメートに会うためクレイマー氏は来日したという。旅行の最中に地震が発生し、仙台駅で足止めにあった。まだ高校卒業直後の貧乏旅行で、所持金はほとんどなく、泊まる場所のあてもない、日本語も全くわからない。クレイマー氏は怖さと心細さで途方にくれた。18歳のアメリカ青年に救いの手を差し伸べたのは「片腕がない仙台駅の30代くらいの駅員」だった。その駅員はクレイマー氏を近くのホステルに連れて行き、宿泊代を支払ってくれた。翌日になると切符の利用期限が切れていた。そのことを知った「片腕がない駅員」は新幹線の切符をくれた。

この出来事はクレイマー氏の記憶に深く刻みつけられ、その後の人生にも大きな影響を与えた。日本語を学び、日本の文化を学び、いつの日か「片腕がない駅員」に「日本のやり方でお礼」を伝えたいという思いを持ち続けてきた。２０１９年に来日したクレイマー氏は、仙台駅を訪れ「片腕がない駅員」を捜したが、出会うことができなかった。しかし、「お礼を伝える」ために今も「片腕がない駅員」を捜し続けているという報道がなされ、クレイマー氏が帰国後、無事その駅員が見つかったという。おそらく二度と会うことがない外国の若者を助けるためにコストを負担する日本の「駅員」。そして、「お礼を伝える」ことから経済的な見返りなどないとわかりながら、時間や労力というコストをかけて遠くアメリカから「駅員」を捜す「経済学者」。いずれの行動も、通常の経済学では説明できない。クレイマー氏は、日本での体験や学習を通じて、日本的な「恩義」の意味を理解したのだろう。そして、「義理」を果たすために行動を起こした。

２０１９年、平成の世もあとわずかになって、「メジャーリーガー」のイチロー選手が日本での試合に出場後に引退を表明した。イチロー選手と言えば、数々の歴史的記録を打ち立て、ストイックに孤独に技量を高めていった印象がある。チームの勝利よりも自分の記録を優先させる利己的なプレーヤーという評価もあった。経済学の教科書ではこのような人を想定する。引退の記者会見で、語ったところによると、シアトル・マリナーズからニューヨーク・ヤンキースに移籍した頃から、ファンの喜ぶ姿を見ることが最も強いモチベーションになったそうだ。日本に帰国してプレーすることはなかったが、もしも、神戸にオリックス・ブルーウェーブが存在したなら、日本で再びプレーしたかもしれないという。選手として日本に帰る場所は、「故郷」である古巣チームだけだったのだ。いつもクールで無愛想な選手の中に、人情が息づき、その行動指針になっていたのである。

これまでイチローは複数回にわたり国民栄誉賞の打診を受けたが、すべて辞退している。そのときに「野球生活が終わったときに、もしいただけるのであれば、大変ありがたい」という声明を出している。現役にこだわり、さらなる高みを目指すイチローらしさが表れている。

イチロー以前に国民栄誉賞を辞退した野球選手がいる。１９８３年に盗塁の世界記録を塗り替えた福本豊である。その理由は、国民栄誉賞をもらうと「立ちションもできんようになる」からだった。一方で、福本氏は大阪府知事賞詞は受諾している。一見意味不明の行動である。福本氏は「大阪人」である。「国民栄誉」と名がつくと、どこか権威的である。そして、「東京人」の軍門に下ったような気がするのではないか。国民栄誉賞を受けるならば、自分を応援してくれる大阪のファンから遠のくことになってしまう。自分はあくまで、大阪のファンと同じ世界の住人である。大阪を裏切ることはできない[3]。つまり、昭和時代の大阪人の「人情」に基づく行動なのだろう。非常に奥深く、優しさにあふれる「人情味」のある行動である。福本氏の言動はＡＩにとって永遠に理解不能であろう。

　日本では結婚式に招かれ出席する人は「ご祝儀」として現金を結婚カップルに渡す習慣がある。事後的にカップルは「ご祝儀」の額に応じて引出物を返礼する暗黙のルールがある。返礼するには手間も労力もかかる。最初から返礼品なしで、返礼品の相場額を差引いた「ご祝儀」を要求すれば、効率的である。しかし、そのようにはならない。さらにカップルと出席者の関係によって「ご祝儀」の相場は変化する。平均的な額は、友人は3万円、上司や恩師が4万円、親族が7万円である[4]。また伝統的に「仲人」が介在し、結婚前の段取りから結婚後も夫婦の後見人のような役割をになった。カップルから仲人へのお礼はおよそ17万円である。いずれの場合も、その場限りの人間関係ではなく、カップルと結婚式出席者との関係性の強さによって金額が変化する。カップルに対する責任が強い人ほど動く金銭も高くなるのである。カップルは時間と金銭を負担してまで結婚式に出席してくれた人に対して「義理」を果たす必要がある。つまり、円満な結婚生活を送る動機が生じるのである。

　このような「義理」や「しがらみ」が煩わしくなることもあるだろう[5]。披露宴への招待客の数は２００４年で81人、２０１８年で68人と大幅に減少している。招待する人を厳選し、それ以外には、披露宴の光景などをインスタグラムやフェイスブックなどで報告しているのかもしれない。そもそも最近では結婚するとしても披露宴などを伴う大々的な結婚式は約60％程度である。また「結婚式」をする意味がわからないと考える新婚夫婦が20％ほどである。結婚式をする人は、かなり思い入れのある人に限られてきている。その証拠に、「結婚から新婚旅行までにかかった費用」の全国平均は２００４年で３７６万円、２０１８年で４８０万円と１００万円も増加している。

　近年では結婚自体の性質が変化している。これまで、日本は同質的な社会であった。また、高度成長期になるまで、人口移動が少なく、共同体の中の長期的な人間関係があった。このような背景から、日本の結婚式では「義理」が重要な要素となっていた。その後、人口移動が活発になり、長期的人間関係の重要性が低下したことが、「義理」の重要性の低下と、結婚のあり方を変えたのである。ほとんど陸続きで歴史的に人口移動が活発で社会の同質性も低いヨーロッパでは、結婚式で現金を渡すことはない。[6] では、グローバル化が進むと、日本に住む人は社会的文脈から切り離され、「人情」や「義理」が消えてなくなるのだろうか？

「義理」や「人情」を経済学的に考えるということは、経済を考えるときに時代や場所の文脈を考慮することである。このような理由から、本書では過去から未来へと続く日本の時間軸を意識している。この本の執筆から出版までの期間は、平成から新元号の令和にまたがる。外国人にはおそらく何の意味もない出来事だが、日本に住む人にとっては少なからず日常生活にも影響があるだろう。平成から令和に切り替わる際には、事務手続きなどにおいて経済的なコストが発生する。標準的な経済学からすると、非効率なものは淘汰され、効率的なシステムが残ることになる。グローバル化時代において、西暦と和暦が同時に存在するのはなぜだろうか？　元号が変わることによって人々は否応なく、「古い時間」が終わり「新しい時間」に入ることを意識するはずだ。そのこと自体に何かの意味があるのかもしれない。その意味も考えてみたい。この理由から、本書では必要に応じて和暦と西暦の両方を併記する。

経済学者は多くの場合、客観的に物事を考え、データを用いた分析によりその考えが正しいか否かを検証する。一般書においても、極力対象から距離を置き、客観的でわかりやすい説明を行う。これまでの私も、主観性を極力排除し、第三者の目で研究論文を書いてきたが、本書では全く異なるスタイルを採った。極力、日常生活と近年の経済学の成果を結びつけて考えてみる。その中に、ときどき私自身も登場する。文体も文章の構成も、読者を「義理人情」の世界に導くように工夫してみた。読者を置き去りにしないために、専門用語は極力使わないように心がけた。とりわけ、「経済学」が嫌いな人のもとに、この本が届いてほしい。

［注］

（1）木村［２０１８］、97ページ。

（2）本書と類似の方法で書かれた本としては、例えば、レヴィット&ダブナー［２００６］、ニーズィー&リスト［２０１４］がある。

（3）これは「大阪人」ではない私の勝手な推論である。生粋の「大阪人」からの講評をいただきたい。

（4）ここでのデータは主に「ゼクシィ結婚トレンド調査」から得た。

（5）すでに昭和の末に80%が恋愛結婚である。１９９５～１９９９年には、恋愛結婚が93%で見合い結婚はわずか7%である（岩澤・三田［２００５］）。ただし、「ゼクシィ結婚トレンド調査」によれば、恋愛結婚が大半を占めているはずの１９９６年で、結婚式で70%近くが「仲人」を立てている。阪神淡路大震災などが起きた頃の話である。恋愛結婚の中に第三者が介在していたことを意味する。それが「仲人」率は、２０１０年ではわずか1%程度になった。恋愛結婚わずか15年程度で、恋愛結婚自体が個人的なイベントへと変化したことを意味する。

（6）例えばドイツではカップルが希望する品物リストを出席者に渡して、それに基づいて出席者がプレゼントをする。

目次『義理と人情の経済学』

第2章　義理と人情にもお国柄があるのだろうか？

第3章　社長がウナギを入社志望者に奢ることが経営の極意である

第1章

甲子園高校野球は、なぜ全試合テレビ放送されるのか?

夏の甲子園を愛する人はどんな人か？

毎年、お盆をはさんで、プロ野球の阪神タイガースは「死のロード」と形容される長期の遠征に出る。約１カ月程度本拠地を離れビジターチームとして、日本各地を転戦する。プロ野球屈指の人気チームを長旅に出すのは、高校生達である。甲子園球場は、この期間、夏の全国高等学校野球選手権大会（これ以降は、「夏の甲子園」とする）の会場として大会期間前後も、高校生達に貸切状態なのだ。

さらに、「夏の甲子園」は１回戦から決勝戦まで全試合がＮＨＫテレビで全国に生中継される。例えば、福岡県に住んでいても、他県の代表チーム同士の１回戦を観戦できる。プロ野球の試合は、地上波ではごく一部しかテレビ中継されない。アマチュアに過ぎない高校生がプロ野球選手よりも立場が強いことは明らかである。理由として考えられるのは、世の中の人は、国内最高の競技レベルのプロの試合よりも、レベルの低いアマチュアの試合を好んでいるということだ。非常に不思議な現象である。この点を解明するためには、具体的にどのような人が、甲子園の試合に喜びを感じるのかを分析することが必要だ。

私は約９０００人に対して行った調査データを用いて、夏の甲子園の効果を検証した。[1] 回答者は日本全国に分布しており、調査は夏の甲子園の野球大会が終了した直後に行っている。得られるデータとしては、調査時点の居住地の都道府県、および15歳の頃の居住地の都道府県がわかる。また一般に公開されている各年の都道府県代表チームの勝利数も得ることができる。これらの情報によって、調査年における回答者の現在居住地および15歳時点の居住地の都道府県の夏の甲子園代表チームの勝利数を特定できる。さらに、調査では回答者本人に、そのときの幸福度をたずねている。これによって、調査時点の回答者の幸福度は、１（とても不幸）～５（とても幸福）、５段階の変数によって数値化できる。以上のデータを用いて、次の効果を検証できる。[2]

（１）現在居住地の夏の甲子園代表チームの勝利が幸福度に与える効果。

（２）故郷の代表チームが幸福度に与える効果。とりわけ、現在居住地への愛着と故郷への愛着を比較するために、15歳時点の居住地と現在の居住地が異なる移住者だけを取り出して分析。

分析の結果は、次のようになる。

（結果1）現在の地元代表チームも故郷の代表チームも同じくらい幸福度を上げる。

このような効果は、同じ県内でも都市部とそれ以外では違うかもしれない。データには居住地の人口規模の情報がある。これを利用して、大都市部の居住者と、それ以外の居住者に分けて分析を行った。分析結果は次の通り。

（結果2）大都市居住者には、地元チーム勝利も故郷チーム勝利も幸福度を上げ、さらに故郷チームの効果のほうがより大きい。一方、大都市以外の居住者には、いずれの夏の甲子園勝利も幸福度に影響しない。

都会になるほど、さまざまな商品が身の回りにあふれ、選択肢は多様化する。便利で心地良いかもしれないが、故郷と関連する物事は少なくなる。地方出身者にとり侘《わび》しく寂しい都会生活では、「故郷」の温かみが身にしみるのではないか。さらに、故郷と言っても、遠く離れているか、近場かで意味合いが違うだろう。例えば、神奈川県出身の東京在住者と、北海道出身や福岡県出身の東京在住者を比較しよう。交通機関が発達した現在でも、空間的な距離は心理的な距離に反映される。離れれば離れるほど、故郷との結びつきは希薄になり、故郷に触れる機会が少なくなるほど、故郷に関連する出来事は心にしみるのではないだろうか。これを検証したところ、次のことが明らかになった。

（結果3）故郷チーム勝利が幸福度を上げる効果は、現在の居住地と故郷の距離が遠くなるほど大きくなる。

夏の甲子園の野球を愛する人は、地方から遠く離れた大都会で生活するようになった人達だ。昭和時代に地方から都市へ、職を求め大規模な人口移動が起きた。テレビの公営放送が、アマチュア野球を放映するのは一種の公共財である。甲子園の代表校が試合をする前には必ずと言って良いほど、代表校の地元の文化や産業を紹介する映像が流れる。地方出身の大都会居住者は、その映像を見ながら、子供の頃の記憶を呼び起こし、望郷の念に駆られるのだろう。その中の一人が、２０１９（令和元）年、現在の私だ。

なぜ人はプロ野球の試合を生観戦するのか？

プロ野球では試合開始の前に、先発する投手を予め発表する。この予告先発制度は、パ・リーグのみで採用されていた。[3]昭和時代に「人気のセ、実力のパ」と形容されたように、読売巨人の圧倒的な人気により、セ・リーグでは巨人戦になると圧倒的に多くの観客が球場をうめた。パ・リーグは日本シリーズやオールスター戦などで、セ・リーグと互角に戦ったが、人気面ではセ・リーグには遠く及ばなかった。

平成に入ると、Ｊリーグが誕生し、Ｊリーグの各チームは地域密着型の欧州的な経営方針を採用した。プロスポーツ産業の中で独占状態であった野球は競争にさらされるようになる。セ・リーグ球団は、まだ根強いファンが存在したが、パ・リーグ球団は存続の危機に瀕した。その証に、２００４年には近鉄が球団経営から撤退している。パ・リーグ球団には、人気を高めるための強い動機があったのだ。

私は予告先発制度がパ・リーグのみで採用されていることに着目し、プロ野球試合への需要分析を行った。[4]それによるとプロ野球の試合に関する情報に基づいて人々は試合観戦に行くか否かの意思決定を行っている。例えば、優勝を争うような試合にファンは高い関心を持ち、需要は増加する。そして、チケットを入手するのは困難になる。もちろん、チームの順位などの情報はセ・パ両リーグで広く公開されている。予告先発制度によって違いが生じるのは、先発投手の情報の有無だ。野球は、投手以外の選手がほぼ毎試合固定されている。

　さらに、投手が試合の勝ち負けに及ぼす影響は他のポジションの選手に比べて圧倒的に高い。投手は試合の行方を占う上で、重要な意味を持つポジションなのだ。先発投手が能力の高い選手ならば、応援するチームが勝つ確率が高まり、より多くの観客が集まるだろう。同じ能力の投手が先発するならば、より人気のある投手が登場するときに観客は多いだろう。

　では、能力と人気を切り離して検証することはできるのか？　試合の開催地と先発投手の出身地の情報を組み合わせることによって、それは可能になる。試合の開催地が先発投手の地元であるならば、先発投手は「故郷に錦を飾る」ことになる。地元出身の若者が成長し、ひのき舞台に登場するのだ。自分達のヒーローの雄姿を観るために、多くのファンが応援に駆けつけるだろう。さらに、ホームチームの先発投手であるならば、その地元のファンは大いに盛り上がるだろう。

　プロ野球で試合ごとの入場者数が正確に発表され始めたのは、２００５年からである。

そこで、私は２００５～２００７年の試合ごとのデータをすべて集めた。試合の開催地、ホームチームおよびビジターチームの先発投手の年俸、先発投手の出身県。さらに、ホームチームとビジターチームのその試合までのシーズン通算勝率などである。

統計分析の結果、パ・リーグでは、予想通り先発投手の年俸が高いと入場者数は増加する。その効果はホームチームの先発投手が、ビジター先発投手よりも3倍ほど大きい。さらに、年俸効果は、先発投手が地元出身だった場合に大きくなる。明らかに、地元出身のスター選手を応援するために、観客が増えるのである。一方、セ・リーグでは先発投手の年俸や出身地は全く入場者数に影響しない。先発投手が誰なのか事前にわからないからだ。これも予測通りの結果である。

野球少年は、いくら素質があっても、努力しても、プロ野球選手になれるとは限らない。プロ野球選手になったとしても、試合に出て活躍できる選手はごく一握りである。身近な存在だった野球少年が成功者になれば、どこか誇らしい気持ちになる。そして、試合があれば駆けつけ声援を送る。プロ野球選手が、試合以外のさまざまなイベントでファンサービスをするのは、ささやかなお礼の印なのだろう。

なぜ子供達へ「タイガーマスク」からの贈り物が届いたのか？

２０１０年のクリスマスの日に、関東の児童相談所に10個のランドセルが寄贈された。贈った人の名義には「伊達直人」という架空の人物の名があった。その後、孤児院などに、寄付として大量のランドセルが届けられる現象が全国に広がった。この現象は、「タイガーマスク」現象とよばれるようになる。

「タイガーマスク」は、昭和時代に一世を風靡《ふうび》したテレビアニメである。その後、現実世界でも佐山サトル扮するプロレスラーの「タイガーマスク」を生み出し、プロレスブームを巻き起こした。アニメのあらすじは、次のようなものだ。

孤児院で育った「伊達直人」は、時たま故郷としての孤児院を訪れ、子供達を励ます。あるとき、孤児院の子供達を街の食堂に招待して、ご馳走した。そして、ここは特別な場所で孤児院の子供達がお金を払わずに好きなものを食べることができると伝える。店から去るときに、子供達に見えないように、そっと店主に十分な金額を渡して、子供達が来るときには好きなものを出すようにお願いする。優しいお兄さんの本当の仕事を子供達は知らない。「伊達直人」が、子供達のヒーロー「タイガーマスク」であることを知っているのは、我々テレビの視聴者だけだ。義理と人情に彩られた、美しいストーリーである。

「タイガーマスク」は、昭和30年代半ばから40年代生まれの「新人類」世代にとって、憧れのヒーローである。[5] プレゼントを受け取った相手は、利便性が高まる。これで、幸福度が高まる。贈り主がどの人であっても、この効果は同じだ。では、贈り主が「タイガーマスク」だった場合、何が違うのであろう？　子供が抱く憧れのヒーロー、これが「タイガーマスク」である。そのタイガーマスクが、少年に手を差し伸べるのである。物質的な効果以外の心理的な側面に目を向けるならば、少年の幸福度は急上昇するだろう。

一方、贈り主である、「タイガーマスク」はなぜ、匿名ではなく「伊達直人」と記名したのであろうか？　単にプレゼントを贈ることによって得られる自己満足ならば、匿名で十分である。おそらくは、子供達の喜びが大きくなることによって、贈り主自身もより大きな幸せを感じるのだろう。ヒーローは現実世界にもいる。世界的サッカープレーヤーの本田圭佑氏は「影響力を持った有名人が世のために事業をやるのは当たり前の話です。強いヤツが（責任を）果たし、我慢しないといけない」と考え起業した。本田氏には次の思いがある。「経済的な理由でやりたいことができない、夢を追うことができない。そんなことのない世界が実現できれば幸せ[6]」。

近年、心理的側面を経済学に取り入れた行動経済学が注目されている。行動経済学の主要なテーマの中に、利他性に関する議論がある。私は寄付行動を分析することによって、利他性の働きを検証した。[7]高所得者について分析すると、社会の貧富の格差を小さくすべきだと考えている人ほど寄付額が大きくなることを発見した。さらに、居住地域で町内会活動をしていると、この効果が大きくなる。

しかし、中間所得層、低所得層についてはこのような効果は全く観察されない。ここから、自分よりも所得層の低い人達との社会的距離感が近くになるほど、高所得者は寄付をするようになることがわかる。おそらくは、周囲の仲間が自分よりも経済的に困っている場合に、寄付をする動機が強まるのだろう。フランスにノブレス・オブリージュ（高貴なる義務）という言葉がある。高い地位の人は、他者への奉仕と犠牲を伴うという意味である。

私の研究は、日本でも似たような規範があることを示唆している。[8]行動経済学が登場するまでは、経済学は伝統的に自分のことだけを考えて行動する利己的な人間を想定してきた。この考え方によれば一見、他人のために行動しているように見えても、実は将来の見返りを期待している。

例えば、「情けは人のためならず」という言葉がある。これの意味するところは、「人に対して情けをかけておけば、巡り巡って自分に良い報いが返ってくる」である。これは、本質的には利他的行動とは言えない。自分よりも所得の低い人との関わりが強ければ、所得の低い人を助けることで、所得の低い人達との間の軋轢《あつれき》を避けることができるかもしれない。明らかに、見返りを期待せず、他人の利益になる利他的な行動とは異なる。

理論的に利他性の分析は精緻化し、新たな2つの概念がカリフォルニア大学サンディエゴ校のジェームズ・アンドレオーニ教授により提起される。他人からの見返りがない場合でも、他人に寄付をするという行為そのものから満足を得る可能性が指摘された。これは、「ウォーム・グロー」とよばれる。(9)

これに対して、寄付することで他人が満足する度合いが大きくなればなるほど、自身の幸福度が大きくなる行為は純粋利他性とよばれる。寄付行為が果たして、他人からの見返りを期待しての行動か、あるいは自己満足的なウォーム・グローなのか、純粋に他人のことを思いやっての行動なのか？　これらを見分けることは非常に困難である。近年では実験的な方法が経済学にも取り入れられるようになり、寄付的行為の識別が可能になりつつある。

現実社会で寄付行動の内面を観察することは現在でも難しい。「タイガーマスク」現象はあらゆる意味で、理想的な実験状況が整っていた珍しいケースだ。まず、「伊達直人」は「タイガーマスク」を指し示すための偽名だ。寄付することによって「伊達直人」に見返りは来ない。この点で、匿名の寄付と大差はないように思える。違う点は、寄付を受けた子供の喜びが大きくなることである。「伊達直人」は子供達の喜ぶ姿を想像し、それを願ったのだろう。「伊達直人」を名乗ることは、その意味で純粋利他的な行動を示す符牒だったのである。

強い相撲力士は何が違う？

第二次世界大戦後の昭和時代に初土俵を踏んだ力士の中で横綱になったのは22人である。そのうち、北海道出身は大鵬、北の富士、北の湖、千代の富士、大乃国、北勝海の6人である。さらに、本州の北端の青森県出身は若乃花、栃ノ海、隆の里、若乃花、旭富士の5人である。なんと、半数は北海道か青森県の出身である。「北国は雪の中を歩くので足腰が鍛えられるので相撲が強い」のだ。これは、北海道人（私の両親）が郷土力士の活躍を分析するときによくする説明だ。これを、自然環境トレーニング仮説と命名しよう。しかし、22人の横綱の中に、北海道以上の豪雪地帯である新潟県出身の力士は含まれない。したがって、自然環境トレーニング仮説は支持されない。では、横綱力士の出身地の偏りは、何によって説明されるのだろうか。

私は相撲力士の出身地の特性に着目した。地方出身で相撲力士を目指す若者は、入門するときに相撲部屋が立地する東京に移住していく。東京以外の若者はすべて故郷を離れるわけである。そして、集団生活の中で、チャンコを作り、肉体を鍛錬し、技を磨いていくのだ。相撲力士以外でも、高度成長期の日本では、地方の貧しい農家から集団就職によって都会に移住する若者が数多く存在した。産業構造の転換によって、第一次産業の地方から第二次・第三次産業中心の都市への人口移動が起きたのである。

地方から東京の相撲部屋に移り住み、都会の生活をする若者は寂しさや孤独を感じホームシック状態になったこともあるだろう。しかし、地元に帰っても働き場所がない者、気軽に帰ることができないほど遠くから来た者は、東京から逃げ出すことは難しい。『日本経済新聞』の記事によれば、北の湖が「入門したのは当時貧乏部屋といわれた三保ヶ関部屋であった。親方の古革靴、おかみさんの手編みの赤い毛糸の靴下をプレゼントされ、『おれ、あの靴下をくれたおばちゃんの弟子になる』と入門を決めた」[10]。13歳で上京後、東京の両国中学に通いながら初土俵を踏む。一度相撲の道に入ったのならば、一人前になり好成績を上げ成功者になる以外に道はない。これが、相撲に専念させる動機となり、好成績に結びつく可能性がある。

横綱になるのはデビューした力士の中のごく一握りである。それも、戦後の一時期だけ取り出してきても、力士の強さを示す証拠にはならない。一般的な法則を見つけるために、全力士について長期のデータを集めて分析を進めなければならない。そこで、私は明治時代から日本で１回目の東京オリンピックが行われた１９６４年までにデビューした全力士の生涯成績と、出身県のデータを集めた。このデータと当時の出身地の人口密度、東京と出身地までの距離のデータを接合し、独自にデータを構築した。

分析の際には次のような仮定をおいた。デビューから引退までの期間が長いほど力士は忍耐強く相撲に精進している。相撲は成績がよくなると、幕内力士は、前頭、小結、関脇、大関、横綱と地位を上げて行く。現役時代の最高位が高いほど好成績を残したと解釈する。経済学では人口密度が高いほど、経済活動が活発で経済発展をしていると考える。したがって、職を探すのが容易である。現代日本とは違い、交通が未発達な時代は移動することのコストは非常に高い。分析の結果次のことが明らかになった。

（結果１）故郷での職探しが難しいほど、力士の現役時代は長く、地位も高い。

（結果２）故郷と距離が離れているほど、力士の現役時代は長く、地位も高い。

まだ日本が先進工業国の仲間入りをする前の貧しい時代、地方出身の少年は都会で大人の中に交じって戦っていたのだ。地元を再び訪れるのは、力士として出世し、世の中で認められたときである。それまでは、帰ることができない。この決意が強い者ほど、力士人生は豊かに彩られることになった。

なぜモーツァルト、ベートーベン、リストは名曲を残せたのか？

相撲力士の研究は、育った場所、環境が人間のヤル気を引き出し、仕事の成果に繋がることを示している。働き始める前の状況が重要であることはわかったが、実際に働き始めてからは、予測できないさまざまな出来事が起こる。仕事とは直接関わらないように見える私生活上の出来事は、働く人の心身に影響をあたえる。そして、職業人としての仕事に影響していくかもしれない。

「苦労は買ってでもしろ」という言葉がある。経済学からすると「あり得ない」話である。市場経済において取引が成立するのは、買い手が財から対価以上の満足感を得られる場合である。通常、「苦労」は満足感をもたらさないので、「苦労」に対価を払って買う人はいない。しかし、視点を変えて考えると、意外な結論が導かれる。「苦労」はある種のトレーニングである。例えば、競争社会においては、必ず負ける人がいる。負けたときに人は考えるであろう、なぜ負けたのかを。そして、次に勝つための方策を考える。一方で、負けた者の悲哀を理解するであろう。

このような経験は、小手先のスキルアップを超えた人間力を高める可能性がある。大阪大学の大竹文雄氏の研究グループは、小学生時代における競争の経験が、成人した後の「人間力」を高めることを発見している。[11] したがって、「苦労」することは人間の人格や能力を高め、これが「できる仕事人」を作り出すのかもしれない。そうだとすると、「苦労は買ってでもしろ」とは、「自分の仕事能力を高める投資は積極的にせよ」という常識的な含意を持つことになる。この点について分析した経済学の研究は山ほどある。

現実には自分の意思に関係なく災難が、身に降りかかってくることがある。そして、苦難の人生を送る人もいる。1984年に「アマデウス」という映画が作られた。モーツァルトの人生を描いた作品である。この中で、彼はテンションが高く、しばしば奇行に走る。時と場所をわきまえることもなく、ケラケラと笑い出す。ピアノを前にすると、即興で美しい曲を作ってしまう。息を吸って吐くように作曲する天才である。

しかし、周囲の空気を読まないモーツァルトは社会から十分な評価を受けない。皮肉にも彼の才能を最も理解した同業者は、嫉妬心を燃え上がらせモーツァルトの命を狙う。フィクションを織り交ぜた作品とされるが、運命に翻弄《ほんろう》されるモーツァルトの人間臭さが印象に残る。偶然に起こった出来事が人生にさまざまな喜怒哀楽をもたらし、これが人間の創造性に影響するかもしれない。南デンマーク大学に所属する文化経済学者のボロウィスキは、モーツァルト、ベートーベン、リストの人生と作品の質の関係を考察した[12]。

　ボロウィスキはまず、作曲家の喜怒哀楽を数量化する作業を行った。評伝などからそれぞれの作曲家の人生の中で、何歳頃に重要な出来事が起きたかがわかる。例えば、結婚や恋愛、肉親との死別や離別のタイミングを特定できる。これだけでは、作曲家の内面をうかがい知るには、情報不足である。３人合わせて１４００通の手紙が残されており、すべて電子情報で保存されている。さらに、手紙の中に出てくる内容、そしてフレーズや表現をＡＩで解析することにより、そのときどきの作曲家の心理状態を数値化して表現できるのである。ボロウィスキによれば、各時期の人生の出来事と作曲家の心理状態には整合的な関係があるという。例えば、死別や離別などがあるときは、苦悩や悲しみなどの負の心理状態にある。

　一方で作曲家の作品の質と量について、数値化を行った。量のほうは曲数や、曲の長さなどによって簡単に数値化可能である。質については、現在での各曲目の評価などに基づいて数値化する。ボロウィスキは膨大な音楽関連の歴史資料を基にして、最先端のテクノロジーを用いて基礎データを独自に構築した。

さらに、このデータを統計的に分析すると、作曲家が負の心理状態にあるときに、名曲が生み出されていることがわかった。苦悩と絶望の日々の中で、創作活動を続けることで、それまでにはない音楽が作られる。天才モーツァルトでさえもそれが当てはまるのである。芸術家は「苦労」することにより、その創造性が高まることが科学的に証明されたのである。

小学生や中学生の頃、音楽室に飾られていたベートーベンの肖像画を思い出す。私は鬼気迫る表情に、正直なところ恐怖を感じた。よく知られるように、ベートーベンは若い頃から難聴で、ついには音を全く聴き取れなくなる。頭を掻きむしりながら曲作りに勤《いそ》しんでいた姿が目に浮かぶ。そして、私達の魂を揺さぶる曲を残した。天才が「苦難」の十字架を背負うことと引き換えに、人類史に残る音楽芸術が世に生まれた。

偉大な音楽家達は、現代人に語りかけているのかもしれない、「苦労は買ってでもする価値がある」と。

音楽は人の行いを変えることができる？

日本の街中では、いたるところに音楽があふれている。なぜ、商品そのものとは直接関係がない音楽が必要なのだろう？　東京渋谷の昼食食べ放題の店で、ヘビーメタル音楽がかかっていたことがある。土地柄を反映しているようにも思えたが、隣席の客が「食欲がなくなるような音楽だ」とはき捨てるようにつぶやくのがきこえた。考えてみると、食べ放題の店では、客がなるべく食べないように仕向けると、食材コストが低下し店の利益に繋がる。

一方、その店で一度「食べ放題」を体験した客は二度と店を訪れないだろうし、店について悪い評判が流れるだろう。件《くだん》の店は、夜は本業の居酒屋をやっていた。昼間の時間の有効活用のために、昼食の営業もしているのだ。昼の時間の失敗の損失は大きくなさそうだ。そのため駄目もとで、いろいろな実験を行っていたのかもしれない。

食欲を低下させるような音楽も存在するが、人を心地良くさせる音楽もある。「その音楽に耳を傾けていると、愛と一体感と平和の圧倒されるような感覚に全身が脈打った。〈中略〉私は果てしない愛の海を漂い、優しさと繋がりの波に洗われた」。「人情経済学」のエキスパートであるポール・ザックの言葉だ[13]。個人的な体験から、ザックは音楽やダンスが人間の心に及ぼす影響を調べることにした。ダンスの社交クラブに被験者を集め踊ってもらう。ダンスを始める前と後に、それぞれ血液検査を行い血中の成分を分析する。ダンスのルールは、ペアになって音楽に合わせて踊る、ペアを変えつつ参加者全員とペアで踊るようにする。これによって、ダンス・音楽と他者との交流がどの程度、被験者の心身に変化をもたらすかを検証するのである。

特に注目するのはオキシトシンという成分だ。オキシトシンは女性に多く見られる成分で、赤ん坊に母乳を与えるときなどに増加する。オキシトシンの値が増加すると、愛と一体感を感じ幸せな気持ちになるそうだ。オキシトシンは愛情ホルモンなのだ[14]。女性と比べ男性は一般に平均的にオキシトシンが少ない。しかし、ザックの音楽体験のような状態になると、オキシトシンの値は増加する。実験結果から、ダンスをする前に比べてダンス後のオキシトシンの値が上昇することが明らかになった。音楽とダンスによって、人々は幸福感を感じることになるのだ。

２０１８年末、「ボヘミアン・ラプソディ」という映画が封切られた。この作品では、音楽バンドのクイーンのヴォーカルをつとめたフレディ・マーキュリーに光をあてている。私は「ボヘミアン・ラプソディ」を２０１９年１月現在までに、２回観ている。そして、３回目も映画館で観たい。私と同じように、１回観た人はリピーターになり複数回、映画館で観るという。一種の社会現象になっている。これほど、メディアが多様化した現代で、わざわざ映画館に何度も行って観る価値がある映画は少ない。観に行ったとしても、繰返し観る意義は小さい。

大学1年向けの経済学の入門テキストに書いてある法則を当てはめてみよう。1回目に観る喜びは大きい。しかし、2回目に観る喜びは1回目に観る喜びよりも小さくなる。3回目はさらに小さくなる。本当に興味がある人は、公開直後に映画を観るはずだ。なので、映画は公開直後に最も大きな需要があるが、その需要は徐々に減少していく。現実のデータからも、大半の映画は理論通りの需要推移を示す。

しかし、経済学者である私は思う。「ボヘミアン・ラプソディ」は、1回目よりも、2回目に観たときのほうが大きな感動を覚えたのだ。フレディの歌と生涯を知るほど、感動は大きくなる。人情に訴えかける何かがある。それを「誰か」に伝えたくなる。その「誰か」も劇場に足を運びリピーターになり、他の「誰か」に感動を伝える。このようなメカニズムが働くために、教科書にある経済法則に反し、「ボヘミアン・ラプソディ」への需要は増加し続けている。

フレディの悲しみや苦しさが胸に響く。その中で仲間とともに、美しくも、独創的な曲を作り上げる。ラストシーンのライブエイド・コンサートのフレディの姿と力強い歌声に、観る人は心を奪われる。リアルタイムでクイーンを楽しんだ人は最高で70歳くらいだろう。その子供が40歳くらい、孫が10代の中高生ぐらいだろう。映画館に行くと、老若男女、カップルや、親子、多種多様な人々がフレディの歌声に涙する。そのとき「共感」の輪は、年齢、性別、国を越えていく。

オキシトシンの働きは本人の心地良さや幸福度を上げるだけではなく、これを他の人と分かち合わせるのである。クイーンの音楽とフレディの歌声と半生から得られる感動を共有するために、「ボヘミアン・ラプソディ」を観た人はその素晴らしさを他の人に伝えようとする。「ボヘミアン・ラプソディ」をはじめとしてクイーンの楽曲は、聴くだけではなく、一緒に歌われることが多い。「ボヘミアン・ラプソディ」のバラード部分の歌詞は、道を誤った息子が、母へのよびかけを繰返し、母が平穏に日常を過ごすことを願っている。フレディと一緒にこの部分を口ずさむ人の体内は、愛情ホルモンのオキシトシンがあふれ出しているに違いない。

さらに、ザックによると、オキシトシンの働きにより、赤の他人に対してさえも、気前のいい、思いやりのある対応をするようになる。つまり共感を持って相手に対応する。その結果、人々は道徳的な行動をとるようになる。道徳的な行動は、人間同士の信頼感を高める。信頼関係は、取引を円滑にして市場経済を機能させる上でなくてはならない。

現代の経済学においての難問の1つは、市場取引を信頼できるものにすることである。自己利益を追求する個人が市場経済を活性化し、「神の見えざる手」を通じて富をもたらすことを示したのは、アダム・スミスである。しかし、「神様が見ていない場所」で、人

図1-1　善循環の仕組み

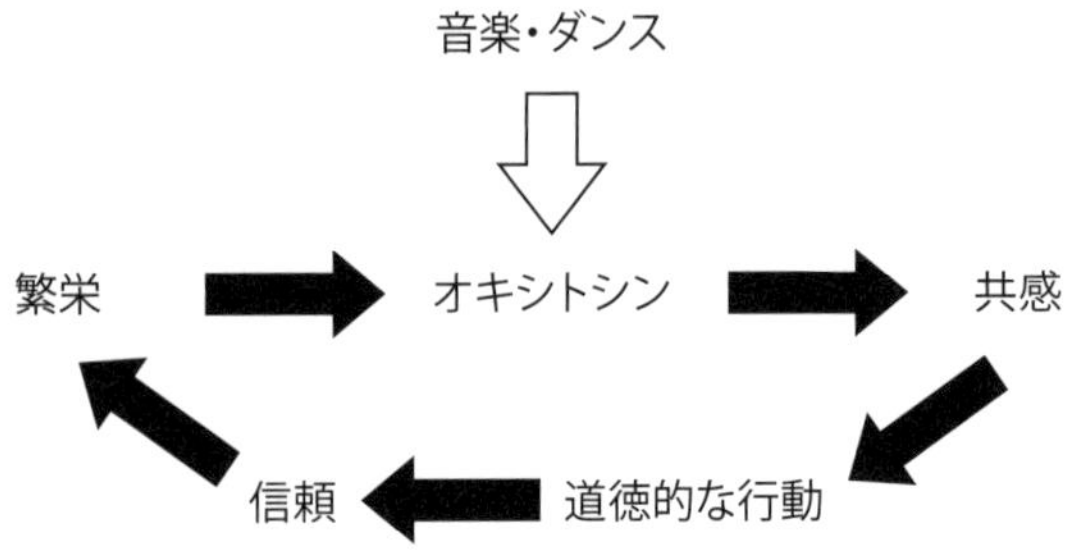

は利益を追求するためにウソをつくこともある。相手がウソをついて自分を欺く可能性があれば、損失を避けるために取引を躊躇《ちゅうちょ》するであろう。その結果、市場経済が機能不全になる。その意味で信頼関係の構築は、市場経済を機能させる上で重要となる。

　信頼関係が形成されると人々の取引が活発化する。そして富が生まれる。十分な富が社会全体にいきわたるようになると、人は物質的な利益にとらわれず、人生の意義や他者への共感に価値を置くようになる。共感から始まり、いつの間にか共感に戻ってくる。これをザックは「善循環」と名づけた。[15] この「善循環」をもたらす契機として、音楽やダンスがある。これを図1-1にまとめることができる。

　私が知っている範囲で、以上のメカニズムを検証するための大規模な実験が行われたことはないようだ。しかし、密接に関連する実験的政策が実施されたことがある。場所は１９９０年代バックパッカー仲間の間で世界３大危険都市の１つとして恐れられたコロンビアのボゴタ。[16] 桁違いの犯罪都市であり、命が惜しければ近づいてはいけない都市であった。ボゴタは１９９３年だけで、４２００件の殺人事件があった。もちろん私は避けた。

私が南米を後にした数カ月後の１９９４年の10月に、アンタナス・モックスは哲学教授からボゴタ市長に転身した。そして、モックスの奇妙な政策によってボゴタは生まれ変わった。犯罪率が大幅に低下し、美しい観光都市になったのだ。モックス市長は何をしたのか？　パントマイムをする人を街中に配置したのだ。交通違反を取り締まる警官にかわり、交通違反に対処したのはパントマイムをする人である。[17] 信号無視をする人や交通法規に違反する車の後をつけて、彼らの一挙手一投足を物まねして、からかうのである。物笑いになるのが恥ずかしい。これで、交通事故や交通違反の件数は劇的に減少した。そして、交通信号を守る歩行者の割合は、26％から75％に上昇した。

モックス市長自身が、テレビに出演しシャワーを浴びて節水の方法を実演すると、水道の使用量が40％低下した。市長自身が道化のように振舞い、人々を共感に導く。さらに笑いによって、暴力も犯罪も減少した。パントマイムはボゴタ市民のオキシトシンを増加させ、ボゴタを蘇らせたのだ。その後コロンビアはＯＥＣＤ調査で世界上位の幸福度を示すまでになった。

近年のボゴタの人のメンタリティは次のように表される。「コロンビアの人間はね、大いに楽しみ、大いに笑う。〈中略〉他人を上手にもてなすことができる。こっちが喜んで仕事をしていればお客さんもそれに気付くし、お客さんのほうも幸せになる。仕事は幸せを感じながら喜んでやらなきゃね[18]」。これは、労働から苦痛を感じるという仮定に立つ「入門経済学」とは大きく異なる。「入門経済学」には働くことを通じて得られる、他者との共感が決定的に抜け落ちている。一方、労働における共感をいかに高めるかを考えるのが「人情経済学」なのだ。

［注］

（1）Yamamura［2017］では、ＪＧＳＳ（日本版General Social Surveys）のデータを用いている。ＪＧＳＳは、大阪商業大学ＪＧＳＳ研究センター（文部科学大臣認定日本版総合的社会調査共同研究拠点）が、東京大学社会科学研究所の協力を受けて実施している研究プロジェクトである。ＪＧＳＳ-２０００〜２００８は学術フロンティア推進拠点、ＪＧＳＳ-２０１０〜２０１２は共同研究拠点の推進事業と大阪商業大学の支援を受けている。

（2）データから所得や就業状態、婚姻状態などの情報も得ることができる。この情報を使って統計分析すると、実際には所得等が異なる人同士でも、同じ所得等だったと仮定した状態で、夏の甲子園の勝利の効果だけを取り出して比較することができる。

（3）２０１２年からはセ・リーグにおいても予告先発制度が採用されている。

（4）Yamamura [2011a].

（5）「新人類」は、１９８０年代に用いられた語で、従来なかった考え方や感じ方をする若い世代を表す。「新人類」世代を親に持つ人々を指す「新人類」ジュニアという言葉もある。

（6）「強いヤツの責任全う：本田、貧困と闘う」『日本経済新聞』２０１９年4月16日。

（7）Yamamura [2012d].

（8）日本以外でも、アメリカにおけるメキシコ系移民は地元出身者による同郷組織の伝手をたどって、居住、職業などを斡旋してもらう。メキシコ系移民の成功者が中心となって組織を維持し、女性、高齢者、低学歴者などを優先的にサポートする（Munshi [2003]）。

（9）Andreoni [1989; 1990].

（10）「憎らしいほど強かった」『日本経済新聞』２０１５年11月21日。

（11）反競争的な教育を行った小学校の卒業生は、成人後の「他者に対する信頼度」「他者との協力性」「互恵性」などが低くなる傾向があった（Ito *et al.* [2014]）。

（12）これらの作曲家を対象にした理由は、次の2つである。（1）ほぼ同時代に活躍していたため比較可能である。（2）作曲家活動の最初から終わりまで彼らが書いた手紙が保管されている（Borowiecki [2017]）。

（13）ザック［２０１３］、１９３ページ。「人情経済学」とは私（山村）が個人的に命名した経済学の一分野である。

（14）２０１２年ロンドン・オリンピック柔道女子の金メダリストである、松本薫選手は闘志あふれる戦いから「野獣」のニックネームで親しまれた。その後結婚し２０１７年に出産した。２０１９年2月7日に引退を表明した。引退の理由は「優先順位の1番が柔道より子供になってしまった」。「野獣」も出産を期にオキシトシンが増えたのだろう。現役時代の精悍な表情から、引退会見での聖母のような優しい表情が印象深い。

（15）ザック［２０１３］、２２８ページ。

（16）１９９０年代の数年間、私は海外を貧乏旅行する「バックパッカー」であった。他にはナイジェリアのラゴス。ザイール（現コンゴ民主共和国）のキンシャサである。

（17）ザック［２０１３］、8章。フィスマン&ミゲル［２０１４］、4章。

（18）ファン・デン・ボーム［２０１６］、３３９ページ。

第2章

義理と人情にもお国柄があるのだろうか?

数学理論にもお国柄はある？

文化とは今ひとつとらえどころがなく、曖昧な概念である。経済学の分析対象も文化の影響を受ける。経済学は社会科学としては、科学的な方法を使う。しかし、人類に普遍的に通用する明快さや厳密性はない。一方、自然科学は厳密で普遍性がある。とりわけ、数学は言語や文化の影響は受けない厳密な科学である。学問としての完成度や普遍性に、数学と他の学問の間には雲泥の差がある。というわけで、経済学者の多くは数学者に畏敬の念を抱いている（ような気がする）。

２００８年から1年間、研究のためミュンヘンに住んでいた。同じ札幌出身で同世代の研究者が同じ宿舎に住んでいた。数理物理学者の笹本智弘氏（現東京工業大学教授）である[1]。ミュンヘンは札幌の姉妹都市であり、気候も札幌と似ている。同郷の誼《よしみ》もあり、笹本氏と交流することがあった。ある日、笹本氏に「数学は文化の違いなどなく、世界中誰でも理解できるところが素晴らしい」と伝えたことがある。即座に笹本氏は、次のように返答した。「確かにそのような面もあるが、各国の数学者のスタイルにはしっかりと自国の文化の影響が表れている。ドイツにはドイツの数学、イギリスにはイギリスの数学、フランスにはフランスの数学、そして日本にも日本の数学がある」。

非常に驚いた。笹本氏によると、ドイツは重厚で質実剛健な力強い数学、イギリスは理論面と応用面のバランスが取れた実用的な数学、フランスは何の役に立つのかわからない部分もあるがエレガントな数学、そして日本の数学は直感と経験を積み重ねて他の誰にも到達できないレベルまで深める数学、というような傾向があるという。

笹本氏の言葉を私なりに解釈すると、数学は普遍的である一方で、文化の影響も受けていることになる。つまり、一般の人が思い浮かべるお国柄が数式の中に明確に表現されていると言える。人々が育った環境や歴史が文化を作り、それは論理的な思考の中にも見出されるわけである。

経済学は世界共通の人間の性質を抽出し、精緻な人間行動の分析枠組みを作り上げてきた。その中で文化の要素は「誤差」に過ぎないとされる。しかし、論理を突き詰めるほど、文化の要素が無視できないほど大きいことがわかる。そのことに、近年経済学者は気付き始めた。

同郷出身の数理物理学者の言葉が真に何を意味するのか？　10年間私は、自問し続けていた。今の私にわかるのは、次のことだ。この問いを避け続けるならば、経済学者が人間行動の真理に近づくことはない。この問題に挑んでこそ、経済学者は少しだけ賢くなる。

移民の同化は経済にどのように影響する？

私は世界のサッカー各国代表チームを対象にして、経済学的にコミュニケーションの重要性を検証してみた[2]。各国の代表チームの強さはＦＩＦＡが毎月発表する世界ランキングによって表される。このデータを１９９３年から１９９８年まで集めることで、どのような特徴を持つ国が、ランキングを上げて行くかを検証したのだ。

長らく日本がワールドカップに出場することは夢のまた夢であった。日本代表チームは１９９８年のワールドカップ本戦初出場以降、これまで連続して予選を勝ち抜いている。２０１８年のロシア大会ではコロンビアのような強豪国に勝利するほどチーム力を上げた。この躍進の理由は、１９９３年に誕生したプロサッカーのＪリーグの役割が大きい。さらに、Ｊリーグの水準を引き上げたのが元ブラジル代表の伝説の名プレーヤーであるジーコである。鹿島アントラーズに所属し選手としても指導者としてもチーム力向上に貢献した。この他にも数多くのプレーヤーや指導者がサッカー先進国からＪリーグに加わった。これにより、先端的なサッカー技術が日本にもたらされたのである。

歴代の日本代表チームの監督に外国人が多いことからも、外国からの技術移転が大きな効果を持ったことは明らかだ。このメカニズムは、サッカーに限ったことではなく、途上国の経済発展のパターンとして広く認知されている。[3] 実際にＦＩＦＡランキングデータを使った私の分析では、他国からの技術導入がランキングを上げる効果を持つことが確認できた。さらに、興味深いことは次の発見だ。

（結果１）全体として国内で言語の多様性が高い国ほど、海外からの技術移転の効果が低くなる。

（結果２）言語の多様性が技術移転に及ぼすマイナス効果は先進国には観察されるが、発展途上国には観察されない。

最初の発見は次のように解釈できる。言語が多様である場合、選手の間でのコミュニケーションが困難になる。そのために、技術を共有するための障壁になるのだ。（２）の発見から、もともと技術が低い国では移転される技術水準が低いので高度なコミュニケーションは不要で、もっぱら個々人で肉体を鍛えることが求められる。技術水準が高い国になると、移転される技術は戦略やその背景にある哲学を理解し共有する必要が出る。例えば、世界で最も美しいパスサッカーを展開するバルセロナは下部組織から育った選手が多い。なぜなら、技術の背景にあるバルセロナの哲学を理解しチーム全体でそれを共有しなければ、理念を実現できないからだ。

高い技術を持つ日本人選手がサッカーの本場であるヨーロッパで活躍することは難しい。理由の1つとして、日本人選手の外国語能力の低さがあげられる。数少ない成功者である中田英寿は、非常に高い言語能力がありチーム内で自由なコミュニケーションが可能であった。中田が活躍したイタリアセリエAは世界最高水準のサッカーリーグとして知られる。２００１年に18年ぶりに名門ローマを優勝に導いた英雄として、中田英寿は今でもローマっ子の記憶に残る。[4] 言語によるコミュニケーションの重要性は、組織に対する要求水準が高くなるときに顕在化する。

サッカーチームの事例は、企業一般にも拡張できる。チームでの製品開発や、販売網の開拓など、さまざまな意思決定でコミュニケーション能力は決定的に重要だ。さらに、サッカー選手は世界のチームを渡り歩く、この点もグローバル化した労働市場に一般に観察される。どの国、どの組織に属しても、コミュニケーションをとる能力は最重要である。グローバル化した世界では、アイデンティティを維持しながらも、他のアイデンティティを持つグループとコミュニケーションを図ることが求められる。コミュニケーション道具としての共通言語は、経済の効率性を高める。

誰でも参加自由で、差別のない市場経済が形成されると、共通言語が普及する。英語が世界の共通言語となったのは、市場に参加する道具だったからだ。通常、経済学者はこのような効率性の観点から言語同化の有用性を論じる。[5] しかし、そこには、言語が持つ文化やアイデンティティの役割が考えられていない。

一方で、アイデンティティとしての言語は思考を深め、自身の過去に郷愁を感じ、未来を思い描くために使う。さらに、アイデンティティとしての言語には文化に根付く義理や人情が伴う。

では、道具としての言語に義理人情が表現できるのだろうか？　本章の冒頭で触れたように、数学という共通言語を利用しても、文化が色濃くにじみ出るようだ。創造的な仕事をするためには、アイデンティティに裏打ちされた情緒や感性が重要であるという意見もある。[6] ＡＩの役割が高まる現在、人間が勝っているのは創造性であろう。英語を使用したとしても、日本の情緒や感性を磨き、思考を深めることができるのだろうか？

人間の空間的移動によって言語が多様化していく。そのとき、皆が異なる言語アイデンティティを持つ「異邦人」になる。社会における他者と共存するための道具としての言語と、市場における他者と交換するための媒介としての貨幣。国境の垣根が低くなり、グローバル化が進展すると英語と米ドルは世界で流通する。遠い将来の未来人に問いかけてみる。英語は人類共通のアイデンティティ言語なのだろうか？「異邦人」は、心を通わせる他者と出会うのだろうか？

グローバル化が進むと、盆踊りは消えていくのか？

25年前の正月に観た「紅白」のことを思い出す。小林幸子が巨大な孔雀のような羽をつけて、空中に浮き上がっていく。一緒に観ているのは家族ではなく、相部屋になったバックパッカーだ。南米ボリビアの首都ラパスの安宿に私はいた。日本人が経営しているペンションで、宿泊者の大半は日本のバックパッカーだ。ビデオの貸し出しサービスがあり、その中に1年前の「紅白」があった。正月気分を出すために、鑑賞していたのだ。

南米旅行中に日本の歌を聴いたことはもう一度ある。それも、多くの観衆と一緒に生の歌をだ。ブラジル・サンパウロにある日本人街のリベルダージ。日系移民が集う、日本人会館を訪れたときのことだ。偶然、歌謡大会が開催されていたのだ。ほとんどの人が綺麗な日本語で歌う。日曜日の昼時に放映される「ＮＨＫのど自慢」のような光景だ。

小学生ぐらいの女の子が『一円玉の旅がらす』を歌っていた。ブラジルで流行っているようで、５～６人の子が同じ歌を歌っていた。これは、ＮＨＫの「みんなのうた」の１つだ。日本からの旅ガラスの私。そして、周囲の日系人も遠く日本からやってきた人の子孫だ。私が日本人だと知ると、ニコニコと日本語で話しかけてくる。日本で活躍している日系人歌手「マルシア」も、数年前にこの歌謡大会に出場していたそうだ。

日系人コミュニティでは日本語が上手なほどステイタスが高くなる。リベルダージを歩くと、不思議な光景に出くわす。中古「レコード」店の店先には、演歌のレコードが並んでいる。北島三郎、三波春夫、美空ひばり、皆若々しい容貌だ。私が生まれる前の、昭和30年代の日本だ。私が体験したことがない、「日本」がそこにあった。

移民たちは独自の文化を異国の地で維持していく。このような現象は、日系人に限らず観察されるだろう。このメカニズムを検証するのも経済学の守備範囲である。キリスト教は西欧諸国において歴史・文化を形成する上で多大な影響を与えてきた。ご存知の通り、クリスマスは皆がキリストの生誕を祝う大イベントである。

しかし、２００４年のクリスマスシーズンに訪れたニューヨークで、私は興味深い体験をした。セントラルスクエアにあるライブハウスで、レゲエ・ミュージシャンのライブが行われていた。他のレゲエと違うのは、ユダヤの民族音楽を取り入れていた点である。

通常若者であふれているライブハウスには、子供からおじいさんまで集い、親しげに握手を交す者もいれば、ハイタッチする者もいる。黒尽くめのユダヤの正装をした人もいれば、ジーパン姿の人もいる。ただし、私を除いて全員が最低限でも頭にユダヤ伝統の丸帽子をのっけている。イスラエル風レゲエの音楽も幻想的であり、異世界に紛れ込んだ気分だ。マンハッタンのど真ん中のライブハウスでユダヤ・コミュニティの祭りが行われているように見えた。

西欧にはユダヤ人が一定数存在し長年にわたって独自の生活・文化を維持してきた。その中にハヌカという休日がある。しかも、ハヌカの時期は12月である。クリスマス時期に周囲のキリスト教徒の親と同じように、ハヌカの休日にユダヤ人の親は子供たちにプレゼントを渡す。そのためハヌカはユダヤのクリスマスともよばれる。どうやら、私はニューヨークでハヌカ関連の祝いに居合わせていたようだ。

アメリカではユダヤ人は全人口のわずか2％程度である。実はハヌカはイスラエルではそれほど重要な休日ではないが、アメリカのユダヤ人にとっては非常に重要な休日である。

例えば学校のクラスの勉強熱心ならヤル気がなかった生徒もマネして勉強する。逆に勉強嫌いなクラスメートと一緒にいると勉強熱心だったはずの生徒も勉強することへの関心が低下するだろう。これを、経済学では仲間効果と言う。

アメリカで国をあげて盛大にクリスマスを祝う時期、仲間効果のためユダヤ人もクリスマスを祝いたくなるかもしれない。成長期の子供達は、クラスメートの盛り上がりにあわせて、クリスマスをお祝いしたくなるだろう。そんなときに、ユダヤ教を信じる親達はアイデンティティを守るため、クリスマスに負けじとハヌカを祝いたくなる可能性がある。このメカニズムのため、大多数の人がユダヤ人であるイスラエルよりも、ユダヤ人が少数派のアメリカにおいてむしろ伝統文化を守る強い動機が生じるのかもしれない。マイノリティとして、クリスマス時期においてアメリカに在住するユダヤ人たちがどの程度ハヌカに参加するかを検証した分析がある。[7] 分析結果は次の通り。

（結果1）小さな子供を持つ親ほど、ハヌカのお祝いをする。

（結果2）ユダヤ人の居住割合が低い地域ほど、家計のハヌカへの支出の割合が高くなる。

移民が独自文化を祝う動機は、楽しむためばかりではなく、移民先の文化の強い影響から自分達の文化を守り、自己のアイデンティティを世代を超えて維持するためのものである。

ラパス滞在中に音楽店に行き、店員が薦めたカセットを買った。グロリア・エステファンの「Mi Tierra」というアルバムだ。マイアミ・サウンド・マシーンのヴォーカルだ。マイアミで育ったキューバ移民だ。数年前に、英語のディスコ音楽が大ヒットしていた。これとはうって変わって、「Mi Tierra」はスペイン語で歌いあげる。郷愁を誘うバラードだ。安宿で「Mi Tierra」を聴きながら、思い出していた。私は北海道移民の子孫であることを。

昭和の勝負師のグローバル貢献

囲碁雑誌が机の上に置かれていた。ページをめくると、恰幅《かっぷく》の良い初老の男が碁盤を前にしていた。髪形が乱れ、シャツのボタンを2つはずし、ネクタイを緩めていた。酒を飲んでいるようにも見える。疲労困憊《こんぱい》の様子だが、よく見ると闘争心や気魄《きはく》が伝わってくる。酔っ払いの弛緩した雰囲気はない。

そこにいたのは、生命力が異常に強そうな「雄」。訳がわからない怖さを感じた。「秀行深夜の激闘を制す！」、「崖っぷちでの勝利！」といった見出しが躍っていたように思う。写っているのは、藤沢秀行という碁打ちで、囲碁のタイトルを防衛したらしい。昭和50年代の小学生の頃の記憶だ。

父は趣味で囲碁を楽しんでいたので、日曜日になるとＮＨＫの囲碁講座と囲碁対局をよく観ていた。画面に登場する藤沢秀行は、面白く親しみやすい人物だ。ジョークを飛ばしながら適確な解説をする。写真で見た、殺気が充満した勝負師の姿とは別人だ。秀行は伝説的な碁打ちだ。博打と酒におぼれ、大きな借金を背負う。私生活は荒れ果てているのだが、大きな勝負では無類の強さを発揮する。数々のタイトル戦で勝利し防衛を続ける。とりわけ棋聖位の6連覇が目をひく。

この頃、アルコール中毒に苦しむ中、棋聖戦が近づくと断酒して対局に臨んでいたという。私の記憶にある写真は、棋聖位を防衛した対局の直後に撮られたものであろう。高額の賞金がかかっているので、借金を返すために命がけの戦いをしていたのだ。学校の教科書には決して登場しない「大人」だが、抗し難い魅力あふれる人物だった。圧倒的な囲碁の技術と力量、命がけで身につけたはずの技術を惜しげもなく若手棋士に伝授する心の広さと温かさ。秀行のもとに俊英たちが馳せ参じ、囲碁界の梁山泊を形成していた。

平成末年の２０１９年1月18日の『日本経済新聞』に、「『英才枠』日本囲碁復活への勝負手：最年少プロ、時間短縮し育成」というレポート記事が掲載されている。小学4年生で9歳の仲邑菫さんが史上最年少のプロ棋士になったという。20年ほど昔までは、日本は国際的な対戦でも圧倒的な強さを誇っていたが、現在は予選さえ勝てないほど中国や韓国の棋士に後れをとっている。世界最高峰の棋士は、10～20歳台の中韓の棋士で占められている。

これらの棋士と対等の勝負ができるのは日本国内のタイトルを独占する井山裕太ぐらいだ。このような背景から日本の囲碁界は育成にのりだした。幼少期から特別なトレーニングを施し、早期にプロデビューを果たした後は、グローバルなレベルの対局で勝負可能な力量をつける。このような趣旨で新設された制度を適用し、仲邑さんが最年少プロになったのだ。

経済学では発展途上国の発展パターンの典型として、キャッチアップ型の成長がある。先進国から技術を学び模倣することにより、途上国が先進国に追いつくというパターンだ。囲碁で中韓が日本を越えていったのは、キャッチアップ型の成長で説明がつく。昭和時代において囲碁の技術が低かった中韓は、日本の先進技術を学ぶことが必要不可欠であった。では、一体どのようにして日本の技術を学んだのか？　そこには、藤沢秀行が大きな役割を果たしていたのだ。[8]

１９８０年代から、秀行は「門下生」である日本の精鋭を集め、中国へ頻繁に指導の旅に出た。当時の中国のトップ棋士はこれによって飛躍的に力量が上がったと言われる。時間をかけて作り上げてきた日本の技術を、他国に教えることに批判もあった。これを意に介さず、秀行は気前よく指導を行ったという。当時の中国のトップ棋士の多くは、子供の頃から秀行の指導を受けている。

そして、１９９９年に行われた引退碁3番勝負では、日中韓それぞれの棋士と対戦した[9]。現在の中韓のトップ棋士は、秀行の「グランド・チルドレン」である。現在の海外棋士の躍進の礎は藤沢秀行が築いたと言える。２００９年に秀行はこの世を去る。偲ぶ会で韓国のトップ棋士は次のように語った。

「私は弟子でもなく、子供でもないけれども、弟子より子供よりも愛してもらった」

藤沢秀行に接したことがある棋士は国を問わず皆同じ思いだったことだろう。ギリシャ神話からの比喩を用いて、ディオニソス的人間観とアポロン的人間観という2種類の人間の捉え方がある。ディオニソス的な人間とは、激情の赴くままに行動する人物像、アポロン的人間とは理知に基づき行動する人物像である。藤沢秀行は、ディオニソスとアポロンの両極が同居する人物であった。

19世紀の経済学者のアルフレッド・マーシャルは、「冷静な頭脳と、一方で温かい心」が経済学者にとって重要であるという名言を残した。マーシャルは、もともと哲学を学び道徳哲学の講義をしていたが、「知らぬ間に社会問題が正面に表れていた。実生活における好機会は少数者に限られていて良いのであろうか」と考えるようになる。[10] 経済学者に転身した後は、近代経済学の基盤となるような研究を残す。マーシャルの「冷静な頭脳」とは、経済の技術に関するものであろう。そして、「温かい心」はマーシャルが若き日に学んだ道徳哲学に起因すると思われる。この両方があいまって初めて、経済学は存在意義を持つ。いくら理想を語る人情家であっても、具体的な数学・統計学などの知識がなければ、単なる夢想家に過ぎない。しかし、いくら精緻な技術があっても、幅広い視野と他者に対する人情がなければ、経済学者に社会的な存在意義がない。

藤沢秀行に言及する経済学者がいる。ゲーム理論家の松井彰彦氏で、藤沢秀行の甥にあたる。[11] 松井氏は読書遍歴を紹介する中で、先のマーシャルの名言を引用している。さらに、これと関連付けて、秀行の著書から次の言葉を引用している。

「中盤は熱い戦争です。しかし、無目的の戦いであってはなりません。よく言われるように、争乱の巷《ちまた》にあっては、熱い心と同時に冷たい頭脳を必要とします。常に冷静な形勢判断に立った戦略でないならば、戦いに勝って何ものをも得なかったということにさえなってしまいます」

藤沢秀行は目的を持って中国で指導をしている。囲碁は古代中国で生まれ、日本に伝来した。気前よく奥深いゲームである囲碁を日本に教えたのだ。各国に独自の歴史と文化がある。しかし、これらは大昔から相互作用しながら進化し発展してきた。その意味で、グローバル化は太古の昔から起きていたとも言える。閉鎖主義に陥らず、広い心で相互の利益を追求することは、経済学の基本でもある。そして、そこには義理人情の働きがある。

秀行の中国行脚の根底には中国へ義理を果たす目的があったのかもしれない。秀行は冷静に技術を伝授しつつ、熱い心で太古の義理を果たした。囲碁を通じた国際貢献である。これにより日中関係は良好化し、両国は経済的利益を享受することとなる。秀行はこれほど大局的な戦略性と雄大な人間的スケールを併せ持つ人物であった。昭和から遠く離れた今も、秀行から学ぶことは多い。

ニューヨークの外交官が駐車違反する理由は何？

1993年、西アフリカのコートジボワールとギニアの国境に位置する掘立小屋のような入国管理事務所で、私は憔悴《しょうすい》していた。熱帯ジャングルの中の道なき道を乗り合いトラックで越えた後に、ギニアへの入国手続きをしていた。コートジボワールの大都市アビジャンで、すでにギニアのビザは取得済みである。

目の前の入国管理官は、私の年齢そして国籍をきく。返答すると、さらに現在の居住地と出生地、さらに生年月日をきいてくる。返答すると、私の両親の居住地と出生地、さらに生年月日をきいてくる。それにも返答すると、私の祖父母のことについても、詳細をきいてくる。延々と続く尋問である。1時間くらいやり取りすると、体力の限界が近くなってくる。言うまいとしていた言葉が口から出てくる、「いくら、必要なんだ?」。指示されるままに、非公式な手数料を差し出すと、即座に入国できた。

私の体験は特殊なものではない。アフリカの国では公務員による賄賂の要求は日常的に見られる。発展途上国、とりわけアフリカ諸国の政治家や公務員は非常に腐敗していることは客観的なデータからも明らかである。世界銀行の2016年のデータによれば、国の腐敗度のワースト10のうち6カ国がアフリカ大陸の国である。

文化が人々の価値規範を形成していると考えるならば、政府の腐敗も文化を反映していると言える。このような文化は人々の行動にどのような影響を与えるのだろうか? 腐敗している国ではルールを破ることに対する罪悪感が小さいかもしれない。そうだとすると、腐敗している国では公のルールが遵守されることはない。

しかし、この点を厳密に検証することは非常に難しい。なぜなら、人々は罪悪感ではなく、ルールを破ったときに発動される制裁に反応すると思われるからだ。例えば罰金を払うことは、微罪に対する経済的コストと言える。少なくとも、標準的な経済学者にとっては、制裁が確実に履行されると知っている者は、ルール破りをしない動機を持つと考える。さらに、国によってルールの設定が異なるし、ルールを破ったときのペナルティにも違いがある。

アメリカの経済学者のレイモンド・フィスマンとエドワード・ミゲルは、腐敗の文化から来る罪悪感の希薄性と、ルール破りに対する制裁の発動効果を切り離すアイディアを思いついた[12]。外交官は外交官特権を持っており、駐在している国で微罪を犯しても償いをする必要はない。つまり、ルールを破っても、なんら経済的コストを負担することはない。

ニューヨークには国連本部があり、各国国連使節団を構成する外交官が世界中から集まる。ニューヨークは人口密集地で、駐車場を探すのに非常に労力がかかるという。したがって、人々には違法駐車をする強い動機がある。興味深いことにニューヨークの警察は外交官の違法駐車の詳細な履歴データを集めている。そのため、どの国のどの外交官が、いつどこで違法駐車をしているのかについて知ることができる。このデータとは別に、世界各国の腐敗度を計測したデータもある。したがって、各外交官の違法駐車行動とその外交官の国の腐敗度を接続することが可能である。

分析により、フィスマンとミゲルは次のことを明らかにした。

（結果１）腐敗度の高い国の外交官ほど、違法駐車をして罰金を支払わない。

（結果２）腐敗度の低い国の外交官ほど、違法駐車をしない。違法駐車をした場合でも、即座に罰金を支払う。

腐敗度が低い国の外交官は、めったに違法駐車をしないばかりか、違法駐車をした場合に支払う必要がない罰金を支払っているのだ。つまり、外交官特権を行使せず一般人と同じように、ルール違反に対するコストを負担している。標準的な経済学では説明できない行動である。

腐敗を生まない文化を持つ国の人は、経済的な動機付けがない場合でも、ルールを破ることに対する罪悪感から、ルールを忠実に守ろうとすることがわかる。さらに、同じくらい腐敗している国だとしても、アメリカに対して友好的な意識を持つ国の外交官は、違法駐車をする確率が低くなる。友だちに対しては恩義があるので、迷惑をかけないように心がけるわけである。「義理と人情」は閉ざされた村社会の中のインフォーマルな掟にとどまらず、グローバル化社会の国々の間の軋轢や対立を緩和する鍵にもなるのだ。

日本のアニメが海外に広まると何が良いのか？

東京のＪＲ高田馬場駅で電車が止まると、「鉄腕アトム」のテーマソングが流れる。駅を出て早稲田通り沿いにまっすぐ進むと原作者である手塚治虫の事務所があった。高田馬場は数々の名作マンガを作った巨匠手塚治虫が製作を行っていた地である。ちなみに私は、手塚事務所とは正反対の方向へ早稲田通りを直進し大学に通っていた。

あれから二十数年の月日が流れた。福岡の地下鉄西新駅の階段を上って通りを挟んで正面には、巨大な「サザエさん」の看板がかかっている。通りの名は、「サザエさん」通りと言う。横断歩道を渡り、通りを右手に5分ほど歩いて行くと、「サザエさん」の銅像がお出迎えしてくれる。銅像は私の勤務している西南学院大学の敷地内にある。「サザエさん」の原作者である長谷川町子は、西南学院大学近くにあった海辺を散策しながら「サザエさん」を構想したという。日常の中にマンガやアニメは根付いており、日本社会において市民権を得たと言えよう。

クールジャパンとして世界に発信される現代日本文化。マンガ・アニメはクールジャパンを代表する。無意識のうちに我々は、自分の個人的経験から外国をイメージ化する。例えば、街で偶然出会った外国人が親切だったならば、その国は親切な人が多い国であるという印象を持つだろう。直接外国人に会うことがないとしても、外国の文化に触れることによりその国の印象が形成される。マンガ・アニメは海外において外国人が日本を理解し、日本人の印象を決めるものかもしれない。そこで、私はマンガやアニメが海外における日本人への態度に及ぼす影響を検証することにした[13]。

韓国における社会経済調査の質問項目に、日本人に対する意識の問いが含まれているのを偶然発見した。詳しい内容はハングルで記されているので、院生時代からの研究仲間である申寅容《シンインヨン》教授（亜細亜大学）と共同で研究を行うことになった。そこには3つの問いがあった。

（質問1）「近隣住民として日本人を受け入れることを受け入れますか？」
（質問2）「職場仲間として日本人を受け入れることを受け入れますか？」
（質問3）「親類縁者として日本人を受け入れることを受け入れますか？」

回答者はそれぞれの質問に対して、賛成なら1、反対なら0の数値を選ぶ。

この質問以外に、

（質問4）「最近日本のアニメを鑑賞したことがどの程度ありますか？」

という質問があり、4（頻繁に観る）～1（全く観ない）の間から値を選ぶ。さらに、子供の有無とその年齢の質問、年収や性別などの質問がある。

日本人に対して、好印象がある人は日本のアニメにも親しみを感じて、鑑賞の頻度も高まるだろう。そうだとすると、アニメの鑑賞によって日本人への意識が変化したのかどうか判然としない。アニメ鑑賞と日本人への意識の間には、相関関係があるとしても、影響を及ぼす方向を特定する因果関係を示すことはできない。経済学者がいつも、頭を悩ます難問である。

私は別の研究で、小さな子供がいる人は、他の人よりもアニメをよく観ることを発見していた[14]。より正確に言うと、年齢や性別、所得などの特徴が同じでも、小さな子供の有無でアニメ鑑賞の頻度に違いが出る。これは、本人にアニメに関心がなくても、小さな子供がアニメを鑑賞することを望むとするなら、映画館や家庭などで親も一緒に鑑賞すると解釈できる。

幼稚園、保育園、あるいは小学校などではアニメが話題になって、仲間の輪ができる。

図2-1　韓国における子供の存在と日本人への態度の経路

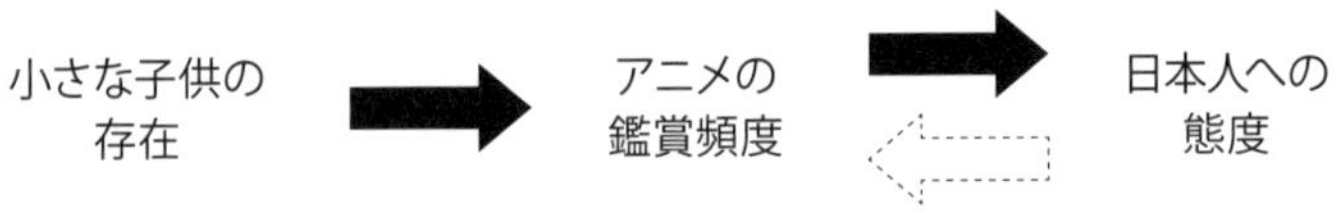

仲間に入るために子供はアニメを観る強い動機がある。親も小さな子供を1人で映画を観に行かせることを避けようとする。結局、親も子供と一緒にアニメを鑑賞するというメカニズムである。このメカニズムが韓国にあるのなら、図2-1のような経路が存在するであろう。

統計的には、小さな子供の存在はアニメ鑑賞を誘発するが、日本人への態度そのものには影響しない場合に、アニメ鑑賞頻度から日本人への態度への影響を検証することができる。以上の枠組みで推計を行った結果、次のことがわかった。

（結果1）12歳未満の子供がいる親ほど、アニメを観る頻度が高い。

（結果2）アニメを観る頻度が高いと、近隣住民や職場仲間として日本人を受け入れる傾向がある。しかし、アニメ鑑賞頻度は親類縁者として日本人を受け入れるか否かには影響しない。

アニメを観ることは、日本人の印象を良くし、日本人を韓国社会で受け入れる空気を醸成するようだ。しかし、親類縁者になるかどうかは、より深い相互のアイデンティティの有様に関わることなので、アニメを観た程度では態度は変化しないと解釈できる。

現代日本の日常生活に根付くマンガ・アニメは、海外に根付いていくのであろうか。２０１９年現在、アメリカのトランプ政権下の世界政治は協調関係から緊張関係に傾く。日韓も対立的な関係にある。「正義」を考えるときには注意深さが必要だ。「正義」のためには、多大な人的・物質的コストをかけても良いと考えがちだ。それぞれの国にそれぞれの「正義」がある。必ずしもその「正義」が一致するわけではない。「その正義とやらはお前たちだけの正義じゃないのか?」、さいとう・たかを氏の『ゴルゴ13』の名言は正鵠《せいこく》を射る。

「正義」の衝突を回避するために、身近な場所で政治から切り離された喜びを共有しよう。クールジャパンは「正義」をはるかに超えて、心の扉を開く可能性がある。そして、それは長い時間をかけて徐々に浸透していくように思われるのである。閉鎖主義が顕著になる現代において、私は文化の役割に希望を見出す。

なぜ「おしん」は国境を越えることができたのか？

「おしん」とは女性の名前で、物語の主人公だ。明治時代に山形県に生まれ、学ぶことが好きだったが、家が貧しく子供の頃に奉公に出ることになった。学校には通うことはできず、苦難を耐え忍ぶ「おしん」。奉公先であらぬ疑いをかけられ、ある雪の日に奉公先を逃げ出す。そこで、恩人に出会い、個人的に読み書きを教えてもらうことになる。その後も、苦労を重ねる「おしん」だが、粘り強く生き抜く。努力が実り、大人になってからは、経営者として事業を成功させる。

ノーベル経済学賞受賞者であるジェームズ・ヘックマン教授は、幼少期の教育の重要性を指摘している[15]。アメリカの貧困地区を対象に、ペリー就学前プロジェクトという幼児期の教育効果を検証する取組みがなされた。教育を受けた子供と、それ以外の子供を40年間追跡調査している。その結果、教育を受けた子供の学力（認知能力）のほうが高いことがわかった。

就学前に教育を受けた子供は、忍耐強さなど（非認知能力）も高いことも明らかになった。この効果は長期間にわたって持続し、成人後に犯罪を起こす確率などを低下させていた。この研究の特徴は、幼児期の教育の重要性と、非認知能力の大切さを示した点にある。「おしん」は正規の教育を受けていない。しかし、非正規の教育は受けている。さらに、苦難は非認知能力を高めるような訓練になっていたのではないだろうか。

明治時代の「おしん」が直面した環境と、現代日本社会の平均的な子供がおかれた環境の違いはあまりにも大きい。「かわいい子には旅をさせろ」と言うが、誘拐されたら大事《ごと》だ。子供を安全な環境におくことが重要なのだ。そして学校教育でのグループ学習などに効果があるのは、これまでの研究で明らかにされている[16]。

しかし、非認知能力は社会性や協調性などを含んでいる。学校内の限られた人間関係の中だけではなく、生活のあらゆる局面で人間的に成長し、非認知能力が高まる可能性があるだろう。「おしん」の人生から我々が学ばなければならない点だ。では、いかにして非認知能力を鍛えると良いのだろう。私はこの点を明らかにするため大阪大学の筒井義郎名誉教授と共同研究を行った[17]。我々が考えたのは、図2-2に示すような経路である。

子供の頃のチームスポーツ経験により他者との協力関係の構築や、その意義を認識するであろう。また、競い合うことの意義も認識できる。競争することによって、自分により適した役割や職業を見出すことである[18]。例えば、音楽的な資質がなくてもピアニストを目指すことはできる。身近に競争相手がいなければ、人生のやり直しがきかない時点までピ

図2-2　チームスポーツ経験と自由貿易賛同の経路

アニストを目指すであろう。身近に競争相手がいれば、自分の才能の有無に気付き、早めにより適性のある職業を目指すようになるであろう。スポーツでは、対外試合などの経験を通じて、学校内の閉じられた人間関係を超えた同年代の仲間との交流も生まれる。

個人スポーツの経験によっても、競い合うことの意義を感じ、努力の価値を認識するであろう。しかし、社会性の獲得の観点からすると、チームスポーツの効果がより大きくなるだろう。これら社会における「生きる力」を養うことにより、開かれた貿易によって他国との相互依存関係から得られる便益や、国際競争によって発生する利益を認識するようになるだろう（図2-2）。

以上の推論がどの程度現実を説明するのかを検証するために、我々は独自に調査を行った。約1万人に対して、次の質問をした。（1）小学生時代の個人スポーツ経験およびチームスポーツ経験、（2）「協調性」、「互恵性」、「信頼性」、「競争の意義理解」など非認知能力に関する質問[19]、（3）自由貿易に対する意見をたずねた[20]。推計の結果は次の通りまとめられる。

（結果1）チームスポーツの経験は、「協調性」、「互恵性」、「信頼性」、「競争の意義理解」のすべてを高める。
（結果2）個人スポーツの経験は、「競争の意義理解」のみを高める。
（結果3）「協調性」、「互恵性」、「信頼性」、「競争の意義理解」いずれも、自由貿易への賛同を促す効果があった。

以上の分析結果から、次のようなことがわかる。子供の頃のチームスポーツ経験が、見聞を広め、忍耐力を養う。スポーツを体験した者すべてが勝者ではない。まず、チーム内のライバルに勝たなければ試合に出ることはない。試合に出たとしても、どこかの段階で敗退する。確かにチャンピオンチームは存在する。

しかし、すべての試合で勝つことはほぼ不可能であろう。したがって、チームスポーツ経験者はほぼすべて競争の結果、負けた経験がある。チームスポーツにおいて負けることの意味を知る。さらに、勝つために必要となるチームプレーを学ぶ。他の学校で見知らぬ子供と試合をする。子供の頃の体験は、社会性を形成し、勝つことの意義も、負けることの意義も知るようになるのだ。そして、負けたときも、勝利を信じ工夫を凝らすようになる。

現代日本にも多くの「おしん」がいる。有名どころの「おしん」としては、ノーベル医学生理学賞受賞の山中伸弥氏がいる。山中氏は、若き日にラグビーに熱中し、よく怪我をしていたという。また、整形外科医として修業を始めるとあまりの不器用さに上司の医師から「ジャマナカ」と呼称される。研究者に転じ、海外から帰国後日本で実験動物の飼育をしていた。研究費が不足しており、自分で飼育をしているうちに鬱になってしまった。ノーベル賞受賞後も、親友の死に人知れず涙し、研究上の試練も経験した。(21) しかし、いつも山中氏は毅然と、前を向いて耐え抜く。数々の苦難を乗り越える姿に、「おしん」を思い浮かべる。

２０１９年5月、令和時代に入った最初の『日本経済新聞』の「私の履歴書」には脚本家の橋田壽賀子氏が登場した。「おしん」の原作者である。橋田氏によれば、「おしん」の「しん」は真実のしん、真剣のしん、体の芯のしん、曲がりくねった人生を一歩また一歩と進んでいく女の名前だそうだ。(22) 橋田氏によれば、筏《いかだ》にのった別れのシーンでは、「撮影が終わるとスタッフや見物の人々から大きな拍手がわきあがった。どの顔も涙でぬれている。現場にいた私も泣いた」。

そして放映された１９８３（昭和58）年の最高視聴率は62・９％となった。その後、68

の国と地域で放送された[23]。さらに、「イランでは最高視聴率が82%、タイでは81%、北京でも76%を記録した。耐えるおしん、夢を捨てないおしん、優しさを失わないおしんの姿が言葉や宗教を超えて人々に届いた[24]」。

明治から昭和を生き抜いた「おしん」の物語は、令和を迎えた現代の若者たちの心にも届いている[25]。「おしん」は性別も、時代も、国も、宗教も超えて人の魂を揺さぶる。21世紀も、「おしん」への共感はグローバルに広まっていく。

親の価値観は、子供の価値観に影響するのか？

グローバル化が顕著になった21世紀において、移民への対応をめぐって国の世論が二分される。イギリスのＥＵ離脱をめぐる混乱と西欧諸国で台頭する排外主義。とりわけ、経済学の中心地であるアメリカは居住者の大半が移民や移民の子孫から構成されている。

アメリカを代表する都市であるNew Yorkにしても、和訳すると新ヨーク市である。現在、閉鎖的な経済政策をとるトランプ大統領にしてもドイツ系移民の子孫なのだ。今後の人類の行く末を考える上で、移民に関する経済分析は、現在最も注目される分野である。

数多くの経済学の実証分析の中からヤン・アルガンとピエール・カユックの研究を取り

上げてみよう。[26] 先住民の子孫は存在するが、アメリカは大半が移民の子孫で構成される国家である。現在は同じアメリカ人だが、そのルーツは多様である。

そこで、アルガンとカユックは祖先の出身国の平均的な価値観や意識が現代のアメリカ人に及ぼす影響を分析してみた。すると、祖先が平均的に他人への信頼性が高い国の出身ならば、その子孫の他者への信頼性が高くなる。さらに、他者への信頼が高い人は経済的に豊かな傾向がある。現在における条件が同じでも、世代を超えて受継がれる意識が子孫の人生に影響するのである。

社会心理学分野の先駆的研究ではさらに祖先の意識の形成条件を分析している。[27] アメリカ南部では侮辱されることに対して直接的に暴力によって報復することを尊ぶ「名誉の文化」がある。周囲に対して「なめんじゃないぜ」というシグナルを送り続けることが重要な規範となっている。

ボストンを中心とした社会の支配層が住む、アメリカ北部の文化とは大きく異なる文化である。その理由は、南部地域人の祖先の多くが、イギリス周辺部で牧畜を生業とするスコッチ・アイリッシュであることにある。ここでは人口密度が低く、警察などのように治安維持をする公権力が存在しなかった。農耕社会とは異なり食料が不十分で貧しく、他人から家畜を盗む動機も強かった。したがって、自分の身は自分で守ることの条件だった。このような地理的条件によってスコッチ・アイリッシュの規範が形成された。この社会規範は移民した先のアメリカでも世代を超えて受継がれたのである。

その社会では、「なめられた」ときに、即座に反撃しなければ「腰抜け」のレッテルを貼られる。そして、周囲から「なめられ」続けさげすまれ、社会的信用を失っていく。名誉を傷つけられたなら、すぐに「かっとなって」殴りかかるような「男らしさ」が生きていくためには必要だ。命がけで報復する勇気を見せつけることにより、賞賛され尊敬を集め、信頼される。そして、性別や世代を問わず、「名誉の文化」は共有される。自分の身は自分で守るために銃社会を擁護する人々には、このような背景があるのだ。

アメリカでは「名誉の文化」に類似した文化を持つ地域は南部以外にもある。アメリカの中でも自動車などの製造業は衰退し、白人であっても貧困層を形成している。この「ラストベルト」などとよばれる地域では、南部で見られるような暴力を重視する価値観がある。

この地域の典型的な価値観を身につけて育ったＪ・Ｄ・ヴァンス氏による自伝が、トランプ政権誕生後のアメリカでベストセラーになった。ヴァンス氏の生い立ちや家庭環境、そして価値観はトランプ支持者の心理を知るために有用なのだ。そこには、日本ではほとんど報道されないもう１つのアメリカがある。「忘れられた白人」たちの人情を理解し、それに応えたのはトランプ氏である。

しかし、いくらトランプ大統領が、彼らのために奇抜な政策を採ったとしても状況は変わらないだろう。「暴力」に価値観をおくメンタリティを持つ限り、彼らがアメリカの支配層になることもグローバル社会の中で活躍することもない。では、彼らは永遠に、支配層に侮蔑され嘲笑を受け、孤立し続けるのだろうか？

ヴァンス氏の存在が希望と手がかりになる。ヴァンス氏は、イェール大学ロースクールを卒業し、弁護士資格を持ち現在はシリコンバレーで投資会社の社長を務める。まさに、アメリカの支配層にもコネクションを持つ若き実業家である。ヴァンス氏の祖母は粗暴であったが、教育に強い価値観をおき、ヴァンス氏に勉強することの重要性を繰返し伝え、学習をサポートしたという。

奨学金を得てイェール大学ロースクールに入る前のヴァンス氏は全くエリートとは交わらない人生を送っていたが、時間の経過と共に祖母の教えが実ることになる。まさに、本章ですでに紹介したように、子供の頃の経験や学習が人生を変化させることになるのだ。そして、今は温和で知的な女性と結婚し、「なめられた」ときにも「暴力」の発動を制御し冷静に対処できるようになったのだ。ヴァンス氏から新しい家族の物語が始まる。

私は大学に入ってから、フランスの社会学者のピエール・ブルデューのハビトゥス理論を知った。[28] 人々はそれぞれの家族や共同体の価値観によって、嗜好《しこう》性や生活習慣が大きく違う。単純化するなら、この共同体の価値観がハビトゥスである。人々の無意識の行動や意思決定はハビトゥスに従う。そして、異なる社会集団同士が交わることはない。別世界の住民として生きているのだ。

ざっくりと単純化するとこのような趣旨だ。ブルデュー自身がフランスの片田舎出身であり、祖父は農民で、父も高等教育を受けていなかった。パリのエリート養成学校に入り別世界に触れた。ブルデューが発する言葉は、パリのエリートに笑われるような田舎訛《なま》り丸出しだったのだ。「上から目線」のパリのエリート人類学者がブルデューの故郷のような場所を、「上から目線」で分析することにも違和感を覚えたようだ。このような経験から、ハビトゥス理論を発想したようだ。

経済学者である私は、もちろん市場機能や競争の意義を感じる。そして、これ以上に機能する制度を作ることは、不可能に近いだろうとも思う。しかし、この主張を展開する「経済学者」には、特有の「上から目線」を感じる。経済学者の間で精緻で明快な議論をするのは良い。これと同じ感覚で、一般人に正論を語っても意義が伝わらない。人々は「語る内容」よりも、「語り方」に違和感を覚えるだろう。人情は「語る内容」ではなく「語り方」に反応するからだ。

２０１６年の大統領選は、事前のマスメディアの予測ではトランプ氏は泡沫候補でしかなかった。既存のメディアはアメリカの「忘れられた白人」の存在を視野に入れていなかったのだ。その彼らの人情と影響力を知るのは、トランプ氏の当選後である。リベラル派も保守派も眼中に入れなかった彼らを取り込んだトランプ氏は勝利した。トランプ氏は誰よりも、伝承される「名誉の文化」の潜在的影響力を知っていたのだ。この出来事は、経済学者にとって大きな教訓になるだろう。

実は私自身も経済政策などについて一般人に語るときに「上から目線」になる。そのことを「もう1人の自分」が気付く。私は「上から目線」を解毒するために、異物や雑味を加えてみる。そのときに初めて人情にもうったえる、奥深く、味わいのある研究になるのだ。

［注］

（１）国際学会では、“Young Scientist Award in Statistical Physics”、国内では、西宮湯川記念賞、久保亮五記念賞、日本数学会・解析学賞などを受賞している。笹本氏は国際的な評価も極めて高く、２０１４年のフィールズ賞を受賞したマルティン・ハイラー氏にも影響を与えている。
https://educ.titech.ac.jp/phys/news/2016_09/052670.html（東京工業大学公式サイト。２０１９年1月26日閲覧）

（２）Yamamura［2012c］.

（3）速水［2000］。
（4）ローマ大学の経済学者Fabio Sabatini氏からの聞き取り調査による。
（5）パウエル［2016］、4章。
（6）藤原［2005］。
（7）Abramitzky, Einav and Rigbi [2010].
（8）藤沢［2012］、296-299ページ。
（9）『碁ワールド』2010年7月号。
（10）ケインズ［1959］、134ページ。
（11）「松井彰彦――藤沢秀行の囲碁と経済学　熱い心と冷静な頭脳（半歩遅れの読書術）」『日本経済新聞』2016年3月6日。
（12）フィスマン&ミゲル［2014］。
（13）Yamamura and Shin [2016].
（14）Yamamura [2014].
（15）ヘックマン［2015］。
（16）Algan, Cahuc and Shleifer［2013］や Ito, Kubota and Ohtake［2014］.
（17）Yamamura & Tsutsui [2019 a].
（18）反競争的な教育を行った小学校の卒業生は、成人後の「他者に対する信頼度」「他者との協力性」「互恵性」などが低くなる傾向があった（Ito *et al.* [2014]）。
（19）具体的には、それぞれ次の質問を用意し、回答者には、5（大賛成）～1（大反対）を選んでもらうようにした。（1）グループ作業は良い結果をもたらす、（2）誰かから親切にされたら、その人に対して親切にする、（3）大抵の人は信頼できる、（4）競争することは社会に便益をもたらす。
（20）自由貿易に対する意見として、5（大賛成）～1（大反対）を選んでもらった。
（21）山中伸弥・平尾誠二・惠子［2017］。
ノーベル賞・山中教授　iPS論文不正でも「かえって信頼高まる」AERA. dot. 2018年1月31日記事。https://

dot.asahi.com/aera/2018013000027.html（２０１９年1月15日閲覧）

(22)『日本経済新聞』２０１９年5月22日付け、「私の履歴書（21）」。

(23)『日本経済新聞』２０１９年5月23日付け、「私の履歴書（22）」。

(24)『日本経済新聞』２０１９年5月24日付け、「私の履歴書（23）」。

(25)２０１９（平成31）年、ＮＨＫのＢＳプレミアムで「おしん」が平成から令和にかけ1年間再放送されている。「毎朝のように涙にくれている人も結構多いのではないか〈中略〉現在は小林綾子さん演ずる少女時代のストーリーが佳境に入っている〈中略〉平成生まれとおぼしき世代が、ツイッターに続々と感想を書き込んでいるのが目立つ。『きついエピソードだ』、『きょうもハード』、『泣いた』」『日本経済新聞』２０１９年4月28日、「春秋」。

(26) Algan and Cahuc [2010].

(27) ニスベット＆コーエン［２００９］。

(28) ブルデュー［１９９１］。

第3章

社長がウナギを入社志望者に奢ることが経営の極意である

義理に厚い会社の業績が上がる理由

福岡に住んでいると、ときたま訪れる東京が新鮮だ。東京に出張すると、まずは立ち食い蕎麦屋を探す。狭い空間の中にサラリーマン風の人や自由業風の人など種々雑多な人がいて、黙々と蕎麦をすする。私も隣の人に肘が当たらないように気をつけ、身を縮こめながら蕎麦を食べる。このときに東京を実感する。

あるとき、御茶ノ水駅ソバにある、「富士そば」に入った。壁に貼ってあるポスターが目に留まる。『「富士そば」は、なぜアルバイトにボーナスを出すのか』という本の宣伝である。[1] どうやら、「富士そば」の会長が書いているようだ。宣伝文句に「なぜ富士そばでは、いつも演歌をかけているのか？」とある。文言を読んでいる間も、店内には演歌がかかっていることに気付く。早速、ソバにある三省堂書店で「富士そば」本を購入した。

会長の丹道夫氏によれば「給料は与え過ぎるくらいがちょうど良い」という。普通は給料を与えすぎると、人件費が高騰して経営を圧迫し、ついには会社がつぶれてしまう。なので、働く人がもたらす貢献以上には賃金を上げることはない。これが、経済学の基本的な考え方だ。これが成立するためには、働いている人が真面目に働いているか、サボっているかがわかることを前提としている。

しかし、現実には真昼間に喫茶店で怠けている営業マンの姿を上司は見つけることはできない。部下が仕事時間中に何をやっているかを、上司が見張り続けることは不可能である。労働市場が競争的なら他社でも同じくらいの給料をもらえる。サボったことが発覚しクビになったとしても、他社で働けば良い。逆に言えば、サボり社員をクビにしても、新たに雇う社員の中にサボりの常習者が紛れ込む。このようにして、社内のサボりが消えてなくなることはない。現実社会は基本理論が描くほど単純ではないのだ。

そこで、「効率賃金仮説」とよばれる新たな理論が登場した。ここでは、社員のヤル気を引き出すためには、実際の貢献度よりも高い賃金を払うことは正しい[2]。なぜなら、サボってクビになると、他社で働けたとしてもより低い給料しかもらえないからだ。なので「富士そば」の給料設定は合理性があるのだ。

「富士そば」の会長の人生経験には、このような合理性だけでは説明できないことが数多くある。例えば、丹会長は不動産会社を営んでいた頃、相場の2倍の給料で求人を出していた。さらに、入社志望者に対して「トンカツ」や「ウナギ」など高価な食事を奢《おご》っていた。もちろん、入社するかどうかもわからない。驚くべきことに、「この人は仕事ができそうだからご飯を奢ろう」「この人はできなさそうだし、帰ってもらおう」とは考えずに、全員同じように太っ腹に奢っていのだ！

「トンカツ」や「ウナギ」の奢りは、入社後にも待遇の良さを示すシグナルと考えられる。そう考えると、「おいしい会社」に入って真面目に働くことは「効率賃金仮説」に示された合理性で説明できる。しかし、見落としてはならない点がある。多忙なはずの社長が時間を削って、海のものとも山のものともわからない入社志望者と一緒に食事するのだ。社長は、入社志望者と食事をするよりも大きな利益をもたらす仕事があるはずだ。この利益を犠牲にして、わざわざ時間をとって会食している点が重要である。

この行動から読み取れるのは、社長は入社志望者に対して大いに期待しているということである。これから入ってくる可能性のある人が、目先の利益よりも多くの利益を将来もたらしてくれると期待している。これを、目に見える形で示しているのだ。丹会長の頭の中には次のような考えがあった。「恩義を感じた社員たちは、いつかより多くのものを返してくれる」。丹会長の経験と分析によれば、「見るからに仕事ができなさそうな人でも、入社してから活躍した人も少なからずいました。あのご馳走が心に火をつけ、発奮した可能性は低くない」。

経済学風に表現すれば、入社前の「トンカツ」や「ウナギ」の奢りで、社長に対する義理が生じる。義理を通じて社員にはヤル気が出る、そしてもともとの能力以上に活躍する。その結果、会社の業績が上がる。

社会心理学や経済学では義理や人情のメカニズムの分析が進展中である。その中で最後通牒ゲームという経済実験がある。そこでは、Ａさん、Ｂさんをペアにして、２人の間で１万円を分ける状況を設定する。

最初に、Ａさんが１万円を持っており、それをどのような割合で２人の間で分けるかを決めＢさんに提案する「分け手」役割を担う。次に、Ｂさんはその提案を受け入れるか拒否するかを決める「受け手」の役割を担う。ここで重要なのは、Ｂさんが受け入れるとＡさんの提案が実現するが、拒否すると２人とも１円たりとも受け取れないことである。

標準的な経済学の仮定では、人は他者の利益など考えず自分の利益のみ追求する。何ももらえないよりは、１円でももらえるほうが利益は大きくなる。そうだとすると、Ｂさんは自身に対する分配額が０円にならない限り、提案を受け入れるはず。Ａさんがそのことを知っているならば、自分の利益を最大化するために、Ａさん自身に９９９９円、Ｂさんには１円の提案をするはずである。本当は、Ａさんは１万円独り占めするほうが良いが、その場合Ｂさんが提案を拒否することによって結局Ａさんは全額を失うので完全な独り占めは避ける。

この実験は、世界中で数多くなされてきた。大抵の場合、Aさんは半分近くの額をBさんに分配するように提案し、Bさんはそれを受け入れる。Aさんが自身への分配額を極端に大きくすると、たとえ自分の受取額がゼロになってもBさんは拒否するようになる。明らかに標準的経済学が想定する人間像からはかけ離れた行動である。あまりに、不平等な状態を、分配額が小さくなる人は受け入れがたい。そして、少しぐらいの利益を犠牲にしても、全員が一文無しで平等な状態を好むのである。これが社会で共有されると、極端な不平等を回避しようとする考え方が共有される。

日産自動車のトップをつとめたカルロス・ゴーン氏は日本において全てを失った。ゴーン氏が失脚した根本的な理由は経済実験の結果に示されている。さらに、歴史からも経営者は学ぶことがある。経済学者のピーター・リーソンによると、世界で最初に民主主義が出現したのは海賊船の中だという[3]。船長は民主的に選ばれる。最も効率的に利益をもたらすよう指導力を発揮できるものが船長になる。経営能力が高い者が、社長になることと同じだ。

興味深いのは、利益は全員平等に山分けされるという点である。船長とその他の船員の間に差はない。もしも、船長がより多くの利益を受け取るなら、他の船員は不平を持つ。

そして、船長を殺す。現代の企業では、社長の地位を追われたり、ときには逮捕されたりするが、命の危険はない。海賊船の中は閉鎖された社会で、さらにむき出しの欲望と暴力が渦巻いている。だからこそ、独り占めのような行動はご法度になる。人間の根本にはこのような性質が潜んでいることを経営者は知ると良いだろう。

しかし、優秀な社員が、その活躍に応じた給料が支払われなければ、ヤル気をなくして、会社の業績は低迷するだろう。少なくとも、標準的経済学ではそう考える。しかし、会社は組織でありチームワークも重要である。スターがいても、周囲の協力がなければ、会社の業績は低下する。いずれが正しいのだろうか？

そこで、私はJリーグのチームパフォーマンスが、チーム内の年俸の格差にどの程度影響を受けるか分析した。その結果、少なくともJリーグの技術水準が世界レベルに達する前は、チーム内の年俸格差が大きいと、チームの勝率が低下することがわかった[4]。「富士そば」の丹会長はその母から次の教えを受けたという。「商売をやるんだったら、利を得る秘訣を覚えておきなさい。まず、絶対に利を独り占めしないこと。そして必ずみんなに分配すること。そうしないと、結局、自分には返ってこないからね[5]」。この教えに従って、「富士そば」経営はなされている。

読者は次のような疑問を持つかもしれない。「富士そば」は社会主義的な価値観に支配されており、斬新なアイディアなどは出てこないのではないか？　しかし、「富士そば」では過去の社会主義国のような停滞は起きない。この後の『人情』は市場経済に何をもたらす？」の節で紹介するように、建前とは裏腹に社会主義国には特権階級が存在した。さらに、相互監視による統制社会が人々の自由を奪っていた。

　これに対し「富士そば」には専用の会長室はない。会長が店舗を視察がてら食事に訪れるときも、特別扱いは厳禁で他の一般客を優先する。「偉ぶることや、特別扱いを求めることは百の害はあっても、一の利もない」と会長は考えている。「富士そば」は「自由」な会社である。本社では社員の服装は自由でジーパン、ポロシャツの社員も珍しくない。なんと営業時間中に抜け出しても良い。帳尻さえ合えば、柔軟にやっても問題がないからである。例えば私用で出かける社員がいても、上司に断りを入れつつ仕事仲間がその穴埋めをすれば良いのである。

　さらに、社員全員が、新商品開発の提案が可能であり、没になった案でも面白ければ讃えられる。何を提案しても、叱責されることはない。そこから、「トルネードポテトそば」などのヒット商品も生まれる。ヒットするアイディアはどこに眠っているかはわからないから、広くアイディアを募る。もちろん社員の士気は自然と上がる。自由と平等が調和することにより、イノベーションを起こす土壌ができている。丹会長によれば、経営者の仕事は「どうしたら従業員の意欲が出て、働きやすくなるかを考えること」。これは、経済学の最先端研究の課題でもある。

東京大学の社会心理学者の亀田達也教授によれば、「結局は人情家が得をする」可能性があるという。[6]「富士そば」のような企業は、自然と良い評判が立ち、それが市場でのブランドになり評価を高める。さらに、これが業績向上を進めるという好循環が発生する。これを予測するずる賢い社長は戦略的に「良い人」のふりをするかもしれない。しかし、このような戦略は、何かの弾みで計算外のボロを出す可能性がある。

一方で「情に流される人」の場合にはそもそも計算をしていないのでボロが出ない。義理や人情に身をまかせ、他人のことを気にかけ大切にする人は、短期的に小さな損をしても、長期的には社会の中で愛され競争市場の中で生き残る可能性がある。昭和の時代の映画「男はつらいよ」を観ると良い。「寅さん」を演じる渥美清の自由気儘さや喜怒哀楽には計算がない。これが「寅さん」が皆から愛され、映画産業が斜陽化する中でも長期にわたってシリーズ化された理由であろう。

丹会長によれば「富士そば」で演歌を流す理由は、人の悲しみに寄り添うため。そして、挫けそうになった人も、演歌を聴き終わると「負けないぞ」という気持ちにもなる。演歌は、客への心遣いと応援メッセージなのである。

フランス人気質がカルロス・ゴーン氏逮捕に及ぼした影響は何？

２０１８年の11月に日産自動車、三菱自動車、さらにフランスのルノー自動車の経営責任者のカルロス・ゴーン氏が逮捕された。１年間で約20億円の収入を得ていたのを、その約半分の10億円として公表していたことが逮捕の主な理由である。名経営者として広く知られたゴーン氏が、収入を過少申告したのは、あまりに高収入であると社会的な批判を受けるからだという。

日産自動車は民間企業なので、まずは会社が儲かることが大切である。会社を儲けさせたことへの貢献度が高く、それに見合った収入を会社から得ていたならばなんら問題ないはずである。したがって、ゴーン氏は収入を正直に申告し、株主などに自らの成果とそれへの対価として20億円を得ていたと説明すれば良かった。ゴーン氏自身も逮捕後に、自分には高額の収入を得る価値があると主張しているようだ。

では、なぜ収入をごまかす必要があったのか？　理想的社会の類型について国際比較を行った調査の結果を見よう。[7] 表３-１には、比較的平等な「中間所得社会」と格差が大きい「エリート支配社会」を想定し、それぞれの社会類型を理想と考える人の比率と、現実

表3-1　社会を構成する所得層

（%）

中間所得社会	理想	現実	現実−理想
日本	56	20	−36
フランス	50	12	−38
デンマーク	60	59	−1
スウェーデン	52	38	−14

エリート支配社会	理想	現実	現実−理想
日本	9	39	30
フランス	6	54	48
デンマーク	2	11	9
スウェーデン	3	23	20

（注）中間所得社会とは「大半の人が中程度の所得によって構成される社会」、エリート支配社会とは「少数の高所得エリートと大半の低所得層によって構成される社会」と定義する。
（出所）International Social Survey Programme 2009 Social Inequality Ⅳ.

を表していると考える人の比率を示している。また、それぞれの数値の差を取った数値は、理想と現実のギャップを示している。日本、フランスとの比較対照のために福祉国家として知られる北欧のデンマークとスウェーデンの数値も示している。いずれの社会においても「中間所得社会」を好む人の比率が半数以上になる。

しかし、「中間所得社会」が現実を表していると考える人の比率は国によって大きく異なる点が興味深い。日本とフランスでは現実と考える人の比率は低く、現実と理想の乖離が非常に大きい。一方、北欧国では乖離は小さい。「エリート支配社会」を好む人はどの国も非常に低い。

注目されるのは、フランスにおいて、半数以上の人が現実を「エリート支配社会」であると考えている点である。フランスにおける理想と現実の乖離は、日本よりもはるかに大きい。北欧国はここでも乖離が非常に小さい。全体としてはフランスにおいて、理想と現実の乖離が非常に大きいことが明らかである。日本も理想とする「中間所得社会」が実現されていると考える人はフランス同様に少数だが、エリート支配に対する不満がフランスほど充満しているわけではない。フランス革命以来、自由・博愛・平等を国の基本とするフランス人の価値観とエリートに対する批判精神は密接に関連しているのであろう。

ゴーン氏以外の人々の大半は、ゴーン氏よりも収入が低い。あまりに一般人と比較して高所得を得ているならば、その人の貢献度が高くても、多くの人々は面白くない。とりわけ、ゴーン氏が実際の所得を公表した場合、フランスにおけるゴーン氏への反発は容易に予測できる。経済学の研究でも、周囲の人の所得が高くなると、人々の生活満足度が低くなることがわかっている。[8]

所得格差の急速な拡大を問題視する論者は数多い。お国柄を反映しているせいか、フランスの経済学者の所得格差批判の研究蓄積は目覚ましい。不平等の拡大に警鐘を鳴らしたフランスの経済学者のトマ・ピケティ教授の著作は、２０１０年代にフランスおよび日本でベストセラーになった。[9] マスメディアでは、ゴーン氏はルノーの経営者を兼務しており、フランスにおいて高所得が批判されることを避けたと報道されている。データから見ても、納得的である。フランス人のメンタリティを刺激しないようにするため、ゴーン氏は所得を過少申告したのである。人々の人情は、名経営者の判断に影響を及ぼしたのである。

入門者向けの経済学の教科書では、「人は他人のことを気にしない」ことを前提にしている。つまり、自分のことだけ考えているのである。確かに、空気を読まずに自分のことだけ考えているように見える人は多くいる。しかし、実は他人の活躍に心の中で嫉妬心を募らせているのではないだろうか。三省堂の『新明解　国語辞典』によれば、人情は「人ならばだれでも持っているはずの、人間味を感じさせる心の働き」である。嫉妬心を募らせるのも、人情と言える。

一方、人情によって取引がスムーズになされる場合もある。一人前の寿司職人になるためには下積み修業を10年ほど経験する必要があるという話をよく耳にする。起業家であるホリエモン（堀江貴文氏）は、このような「世間の常識」を批判する。ホリエモンの主張によれば、センスと経営能力さえあれば1年もしないうちにプロの寿司職人を養成できるという。経済学者からすると、ホリエモンの説に分があるように思えた。フランスのパリで寿司職人をしている友人に、どちらが正しいと思うか質問してみた。まずホリエモンの言い分に理解を示し、次のように回答した。

「確かに、条件さえそろえば、技術的には可能」

しかし、技術以外の2つの要素が重要だと言う。

第1に、うまい寿司を作るには良いネタを仕入れる必要がある。ネタの良し悪しはネタが入ってくるまでわからない。さらに、良いネタを見分け、なるべく安く仕入れることが必要だ。経験がない人でも、センスが良い人は見分けることが可能かもしれない。しかし業者は良いネタを隠し持っていて、昔から取引のある名店にしか売らないそうだ。要するに人間関係がモノを言うわけである。

第2に、寿司職人にはコミュニケーション能力や話芸が求められる。とりわけ高級店に来てカウンターに座る客は、寿司を食すためだけに来ているわけではない。社会的にも一定の地位につき、人生の荒波を泳いできた客が来店する状況を想像すると良い。貫禄のある寿司好き紳士が、世間話や寿司のあれこれをネタにして話しかけてくるという。客がどのような人物なのかを観察しつつ、相手を楽しませ愉快にさせる受けこたえをする。なじみ客でも日によって機嫌の良し悪しがあるので、油断はならない。

一方で、神経を集中させながら寿司という名の芸術品を作るのである。うまい寿司、そして愉快な会話も手品のように提供し、客を納得させる。これらすべてを身につけているのが「一人前の寿司職人」なのだ。寿司職人は寿司を作る芸術家であると同時に、経験に裏打ちされた「人情」のエキスパートなのだ。もう一度考えてみよう、20歳台の若者が50歳を過ぎた食通紳士の相手ができるのか？　友人の結論は次の通りだ。

「センスが良くても、10年近くかかるだろう」

市場参加者が人間である以上、入門者向けの教科書には描かれない力学が働く。「人情」を知らねば現実経済は見えてこない。この要素を深く考えることができる者が「一人前の経済学者」である。[10]偉そうなことを書いてみたが、そもそも私は「一人前の経済学者」なのだろうか？　これを判断するのは、客である読者である。ここで、いくつか良いネタがあるので、試していただきたい。

「交通安全のおじいさん」の教育経済効果

私は徒歩で勤務している西南学院大学に通う。20分ほどだろうか。室見川を渡るときに博多湾を眺める。風が強いので帽子が飛ばされそうになる。なので、ハンチングの帽子の鍔《つば》を後ろ向きにする。野球のキャッチャーのような被り方だ。こうすると、風圧で帽子が飛ばされるのを防ぐことができる。橋を渡り、よかトピア通りを直進していくと福岡タワ

図3-1　長期欠席比率の推移

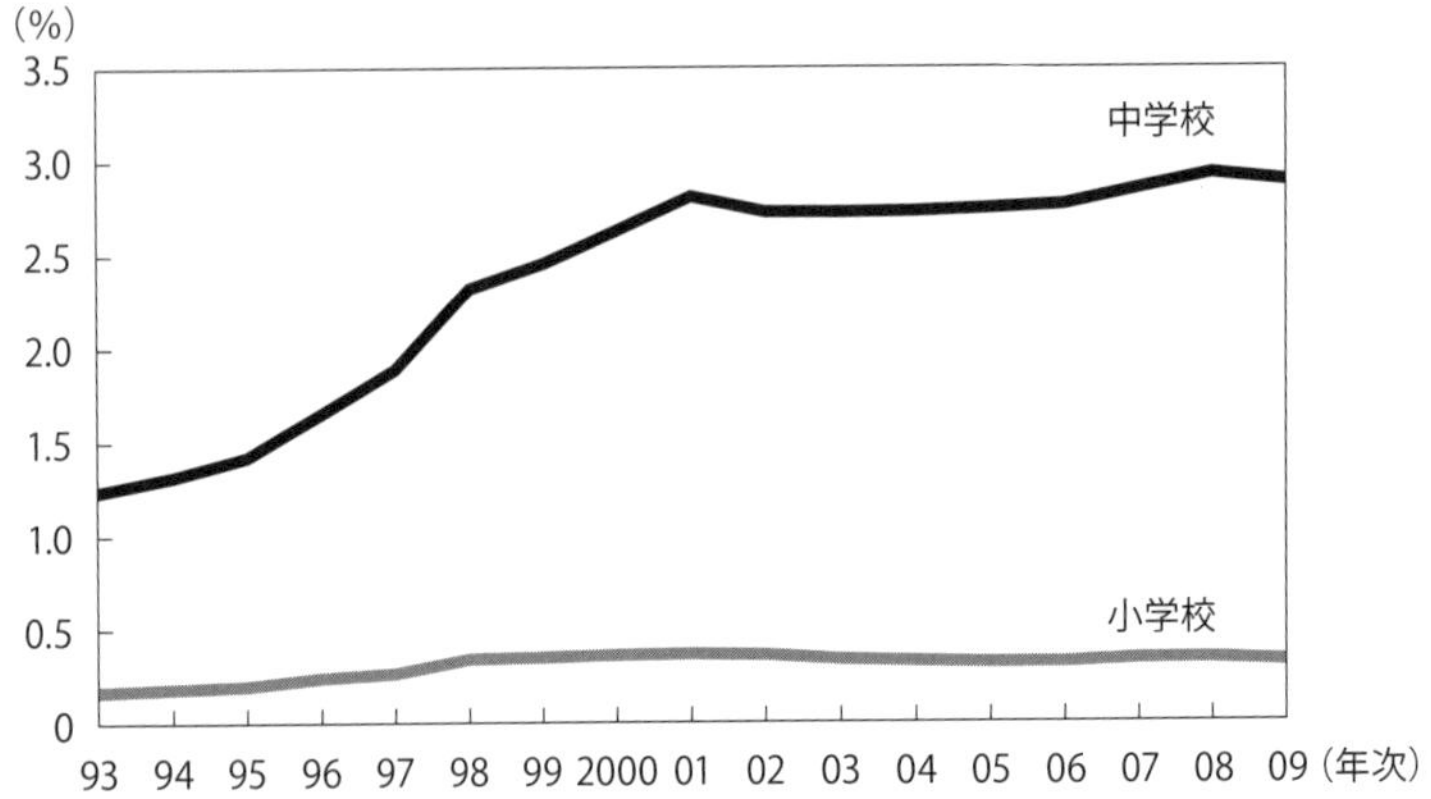

（出所）Yamamura［2011b］.

ーや福岡市博物館が左手に見える。右手にあるのが西南学院大学だ。大学の横には西新小学校がある。大学近くの道路は小学生の通学路である。車の往来も人通りも多いが、信号機がない十字路がある。

そこに、毎日必ず立つ「おじいさん」がいる。右手に交通安全旗を持ち、「おはようございます」と行き交う人全員に挨拶をする。小学生には身をかがめて、安全を確保するよう導いている。小学生の安全のために、晴れの日も、雨の日も立っている。小学生を見守る目が宝物を見るように柔らかだ。私も挨拶を返す。1日の始まりだ。

信頼関係は「人づくり」の土台となり経済発展を促す効果がある。図3-1に

図3-2　社会的信頼と中学校の長期欠席比率

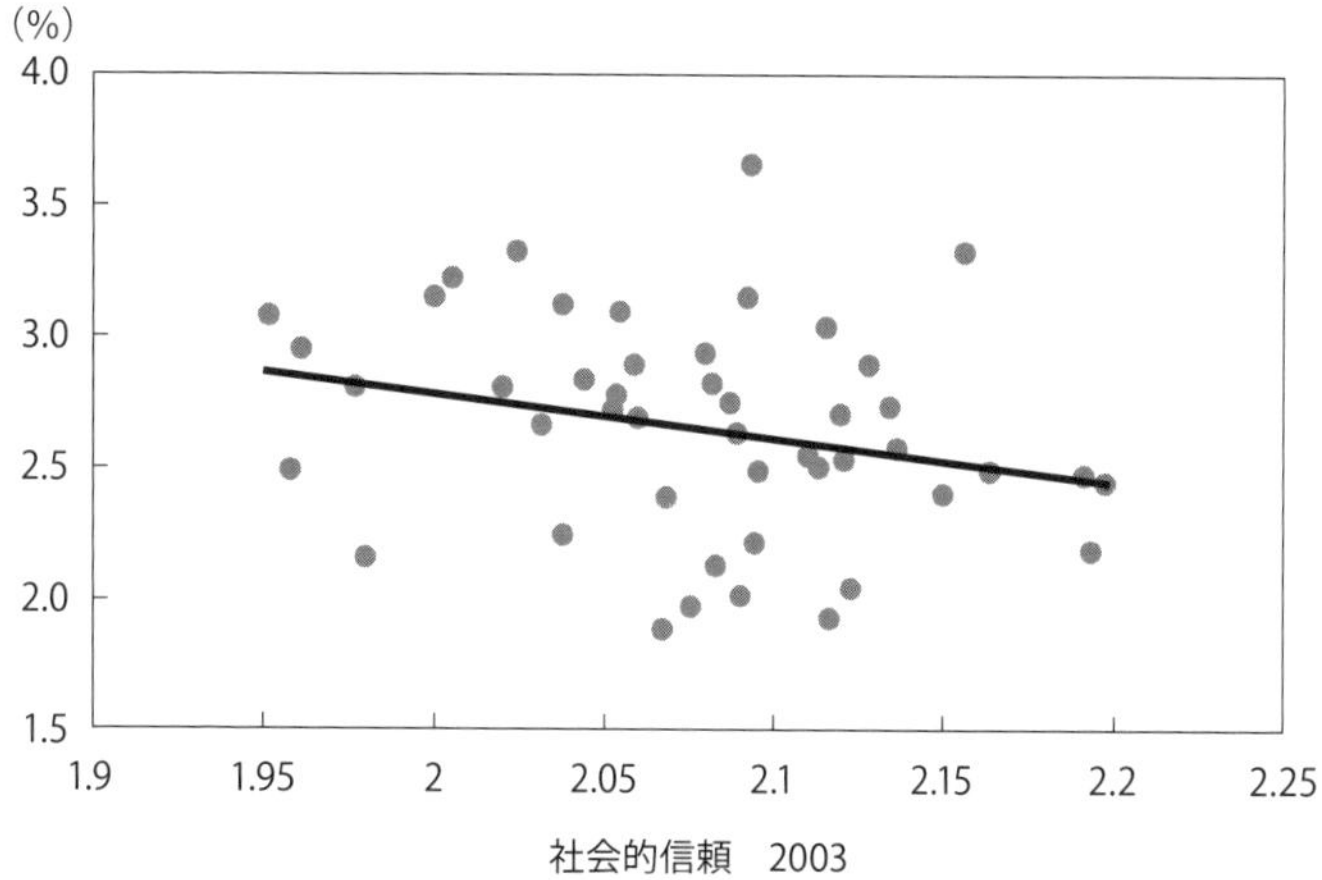

（出所）Yamamura［2011b］.

示されるように、平成時代に30日以上の生徒の長期欠席比率は上昇している。とりわけ、中学生の長期欠席比率は、1993年の1・2％から2000年には約2倍になっている。平成期にはニートと引きこもり青少年の顕在化が社会問題化した。中学生の長期欠席比率の上昇はニートの増加に結びついている。

地域社会における信頼関係により、小学校や中学校に在籍中に子供達と社会との結びつきは強まるだろう。そして、ニート問題を解決する糸口になるかもしれない。私は2003年における日本のデータを用いて社会的信頼関係が小学校や中学校の長期欠席者に与える影響を分析した(11)。

図3-2から、社会的信頼関係が強いほど、中学校において長期欠席比率が低下することがわかる。ここには示さなかったが、小学校においても同様の傾向が観察される。

長期欠席率が低いということは、学習環境も良好であることを意味する。社会的信頼関係は地域社会の一部となる公教育の充実を促す可能性がある。これを検証するため、私は追加的な分析を行った。その結果、社会的信頼関係が強いほど、小学校の学力テストの成績が高くなることを発見した。[12] 地域社会で、子供を見守る大人たちの存在は子供を地域社会に結びつけ、孤独から救い、学力の向上を促しているのである。

金持ちと貧しい人が交流すると何が起きる？

ネコ研究者としてお馴染みの山根明弘氏は勤務している西南学院大学の同僚だ。小さい大学なので、いろいろと交流する機会がある。ある日、昼食後のくつろぎのひとときに、質問してみた。

（山村）「トラとライオンはどちらが強いんですか？」

いずれも、ネコ科に属している。ネコが巨大化したのが、トラやライオンのはずだ。したがって、ネコの専門家の間では結論が出ているかもしれない。

（山根）「面白い質問ですね。住んでいる場所が違うので、実際に戦うことはないのですが、トラは木に登ることができるので、有利に戦うことができるはずです。なので、トラが勝つと思います」

簡単に納得しないのが研究者の本能だ。私は言葉を返した。

（山村）「確かに、一対一の勝負ならトラに分があると思います。しかし、複数の集団同士が戦ったらどうでしょう。スポーツにたとえるなら、個人競技ではなくチーム競技です。ライオンは組織的に獲物を追い詰め確実に仕留めます。YouTubeの動画で、この目で確認しました。一方、トラは集団行動をとらず自力で獲物を追います」

（山根）「確かに、集団同士なら、ライオンに分があるかもしれません」

（山村）「そうだとすると、トラは西洋的な個人主義に基づく行動原理、ライオンは日本的な組織による行動原理によって特徴付けられますね。トラは西洋人、ライオンは日本人と思えばいいわけです」

質問していたはずなのに、いつの間にか思いつきの珍説を展開していた。

（山根）「もう少し、その背景を深めて考える必要があります。ネコ科動物の行動原理を説明するには、自然環境を考えるべきです。トラはアジアの森林に住んでいます。獲物に気付かれないために、木に登ることを覚えます。そして、３次元的な空中殺法を身につけるわけです。１９８０年代に一世を風靡したプロレスラーのタイガーマスクが得意としていた技をイメージしてください。一方、アフリカの大草原にはライオンの存在はどこにいても一目瞭然です。獲物に逃げられるために、単独で獲物を捕まえることができません。生きていくためにはチームプレーを覚えなければなりません」

ネコ専門家の知識の奥深さと洞察力の鋭さに圧倒された。人間の場合も、居住地域の自然環境要因によって狩猟民族と農耕民族に大別できる。狩猟民族はトラのように行動し、農耕民族はライオンのように行動する。さらに、それぞれの民族独自の、歴史や文化を形成していく。

もちろん日本人は典型的な農耕民族であり、共同体によるチームプレーが生きていくためには重要になる。そのために、親分子分関係に基づく義理人情が重んじられる[13]。このような、過去の遺物にも思える日本人像は、現代日本にも観察されるのだろうか？　さらに、義理人情の人間関係が成立しているならば、経済学的にどのような意味を持つのだろうか？

人によってあまりに所得の差が大きいと、人間関係がギスギスしてしまう。手の届かないブランド品を身にまとう人に接すると、羨ましさと同時に嫉妬心がわいてしまうだろう。これも人情というものだ。そうなると、高所得者と低所得者が協力関係を結ぶことは困難になる。伝統的な「経済学」では、自分のことしか考えない人が自己利益を追求して行動することになっている。この場合、人情によって生じる嫉妬の問題は発生しない。嫉妬の要素を組み込んで考えたとしても、所得階層が分断されていて、高所得者は高所得者同士、低所得者は低所得者同士で生活しているならば問題は起きない。安定的で成熟した、ヨーロッパの階級社会ではこれが当てはまるだろう。ヨーロッパでは歴史的経緯から、近代的個人主義が重んじられる。国によって違いはあるものの、組織よりも、個人に依存する経済社会である。

これに対し、日本では組織の強さによって経済発展を達成してきた。明治期以降、階級社会が固定されず、多様な背景を持つ人々が組織を作り共通の利益を追求した。大まかに言えば、日本の経済発展の背景には義理人情に基づくアジア共同体的なメカニズムが働いていたのである。現代日本でも町内会が存在し、居住者間の交流を促す場が提供される。東京の都市部でさえも、夏祭り、神輿担ぎなどのイベントが開催され続けている。コミュニティ活動が活発で他者との交流の機会が多くなると、貧富の差がわずらわしくなることだろう。私はここに目をつけて、統計的な分析をすることにした[14]。

日本の個人レベルの統計データを利用して、次の情報を集めた。「政府は経済格差を小さくする必要がある」。この主張に賛同するほど大きな数値をとる変数。居住している県、そして家計所得である。ＮＨＫが調査した県ごとの町内会活動への平均的参加頻度のデータも収集した。この情報と個人レベルデータに含まれる居住県の情報を接合して、各個人が居住している場所のコミュニティメンバー間での交流程度を数値化した。これらのデータに基づいて推計した結果から次のことがわかった。

（結果１）コミュニティ内での交流頻度が高いほど、高所得グループの人々は、政府

の所得分配に賛同する傾向がある。

（結果2）低所得グループの人は、一般に政府の所得分配に賛成する。しかし、その程度は居住コミュニティでの交流頻度の影響を受けない。

これらの結果は次のように解釈できる。コミュニティを通じた交流が活発だと、高所得層は自分より低い所得の人と出会う確率が高い。周囲の人と円滑に関わり、生活満足度を高めるためには、政府の所得分配政策により自分と周囲の人との所得格差を小さくする必要がある。一方、低所得者の場合は、現状よりも経済状態を改善するために政府の所得分配を望むが、他者との関係によってこの意思が変化することはない。日本ではこのように、異なる所得階層間が交わる場があるために、高所得者が低所得者のことを配慮する動機が生じるのだ。

「夏休み子ども科学電話相談」というラジオ番組があった。小学生の夏休み期間、午前中にＮＨＫラジオ第１で流される。[15]生番組で、スタジオには３人ぐらいの各分野の専門家が日替わりで待機する。電話を通じて小学生から提起される質問に答えるのだ。出演するたびに、情熱を全開にして小学生とディスカッションする専門家がいる。北海道大学の恐竜学者、小林快次《よしつぐ》氏だ。ある日の質問で、「ティラノサウルス」と「スピノサウルス」のどちらが強いかをめぐって、小学生エイスケ君と小林氏の間で熱い議論が闘わされた。冒頭で紹介した私と山根氏の議論と同レベルである。

私には鮮明な記憶がある。１９７６（昭和51）年、小学2年に観戦した「アントニオ猪木」ＶＳ「モハメッド・アリ」の異種格闘技戦だ。選手入場前に、世界数十カ国に衛星生中継されていることをアナウンサーが告げる。選手入場時の会場の熱気。何かとんでもないことが起きてしまうような、高揚感、ワクワク感。試合中に見せた「アントニオ猪木」の秘策。すべて覚えている。時空間を超えて、私は小学生になりきることがある。そして、密かに「得意技」を編み出すのである。

財政問題について「カズオ・イシグロ」から何を学ぶ？

「私は卿の賢明な判断を信じました。卿にお仕えした何十年という間、私は自分が価値あることをしていると信じていただけなのです。自分の意思で過ちをおかしたとさえ言えません」

泣きながら主人公の老執事が語る。２０１７年にノーベル文学賞を受賞したカズオ・イシグロの代表作『日の名残り』のラストシーンだ。戦争中に老執事が誠心誠意仕えた主人は、イギリスの外交政策に大きな影響力を持つ人物だった。後に信じきっていた主人は社会的に糾弾され、その名声は失墜する。義理がたく主人に忠誠を誓った執事も、最終的には主人の過ちを受け入れる。切ない場面だ。

イシグロはさまざまな作品で、似たような人物を登場させる。いずれの人物についても、過去における栄華の記憶と、その名声を完全に失った現在を対比させている。例えば、『浮世の画家』では、巨匠と讃えられた画家が、戦争画家として戦争を称揚した罪を問われ、戦後にその存在を全否定される。長崎生まれの日系イギリス人であるカズオ・イシグロには、2つの日本がある。それは、時間的に遠く離れた過去の「記憶の中の日本」と、距離的に遠く離れた「現在の日本」だ。この両方から離れた場所にいるイシグロだから、2つの日本の中を生きた人物の矛盾を描くことができたのだろう。そして、過去の記憶と現実の矛盾に直面する人物は、さまざまな設定の下で再現される。

2019年の予算は6年ぶりに100兆円を超え、翌2020年の閣議決定された予算も100兆円を超えた。国の借金返済（国債費）と社会保障のための支出をあわせると予算の5割を上回る。「太平洋戦争直前の1940年度予算の3分の2弱が国防費と国債費で占められていたのに匹敵する。誤解を恐れずに言えば、現在の日本財政は社会保障との開戦前夜にある」のだ。[16] 1941（昭和16）年の夏に、内閣総力研究所の研究生が客観的なデータをもとにして精緻な予測を行った。その結果は、日米が戦争するならば日本は必敗するというものだ。

当時の内閣にその結果は報告されたにもかかわらず開戦し、予測通り日本は敗戦する[17]。研究所の予測に目を背け、開戦に至ったわけである。内閣の政治力学の中で、意思決定がゆがめられたのである。現代における財政問題に対する政策選択においても、消費税率上昇が先送りされてきた。２０１９年10月に引き上げられたが、まだ低いことには変わりない。本格的な財政再建や構造改革などは手付かずである。いまだに官主導の経済成長を促そうとする態度は信じがたい。真に持続性がある日本に必要な政策は採られずにいる。

平成の幕を閉じた現在の日本。昭和時代に比べ、日本は物質的に豊かになった。課題は多いものの、個人の尊厳も重んじられるようにもなった。この点について、私は肯定的だ。問題は今後、過去のように経済成長することは、ほぼ不可能であることだ。昭和時代の成功体験を持ち出したとしても、「成長を加速する」ことは客観的に夢物語と言える。

政府主導で無理やり成長戦略を練ったところで意味はない。あらゆる条件が、昭和と現在ではあまりに異なるからだ。このことを、平成生まれの世代はよく知っている。ガラパゴス諸島には、世界から隔離された環境で、独自に進化した生物が生息する。これを比喩に使って、いまだに最低限の機能しかない携帯電話のことを「ガラケー」と言う。いまだに、昭和の成長を思い描いている論者は現実とはかけ離れた経済を語る「ガラ経」である。

より深刻な問題は現在の経済状態を良くするために、政府が莫大な借金をしていることだ。長期的かつ安定的な経済成長は実現困難なので、借金を返すのは将来世代である子供達やこれから生まれてくる世代なのだ。現在生きている世代が、弱き将来世代を苦しめる。現在生きている世代の暮らしを守ろうとして、将来世代の命を奪う。このような構図である。現実的な対処法は、世代間で負担を共有することだ。そのためには消費税の増税が避けて通れない課題となる。現在の政治政党はすべて、これに反対である。政治家は選挙に勝たなければ、目指す政策を実現できない。したがって、現役世代にとって不人気な消費税増税に消極的になる。これは、政策への需要の問題である。将来世代の利益を考慮する政策への需要が高まれば、政党が提示する政策も変化するであろう[18]。

しかし、人は過去の体験に縛られるものである。経済学の実証研究では人々の成長期の経済状況が、その後の価値観や考え方を決めるということが明らかにされている[19]。このような人間の本性をいかにして、克服することができるのか。実は個人的な経験を超えた長期的な時間軸の中に、人々が身をおくことが鍵になる。

日本の財政問題を解決することの難しさの本質は、人類がこれまで直面したことがない問題を既存の政治経済システムの枠組みで対処しようとしている点にある。政治哲学と市場経済を統合しつつ、この難題を考察する慶應義塾大学の小林慶一郎氏の議論を紹介しよう。[20] 近現代を通じて確立されてきた民主主義は、人々には参加する権利が与えられた全員参加型の意思決定システムだ。参加する当事者がコストも便益も引き受ける。将来参加する人も、過去とは切り離された個人として意見表明をする。このような意思決定が連続していくことで、各時点での最適な意思が政策に反映される。当事者達が自分達にとって最善の意思決定を模索する努力により、これが実現する。

過去から現在の時間の流れを寸断する点からすると、これはリベラルな考え方だ。過去の状態を考慮しつつ、意思決定をすること。つまり、時間の流れを考慮することは保守的思想とされる。現在の問題を考えるときに、過去を考慮に入れるか入れないかの立場の違いだ。しかし、現代において時間の流れを無視して意思決定することは、現在ではなく将来時点での悲劇を引き起こす。ここまで考えて気付くことは、自由な個人による利益追求の限界である。

アダム・スミスが考えたような他者の立場に仮に身をおいたときの「共感」の役割に目を向けよう。[21] 共同体では、顔と顔を合わせる間柄の「共感」が重要だった。しかし社会全体の貧困を解決するには、顔見知りの範囲を超えたルール整備による市場の形成が重要だった。これにより、目に見えない協力関係が実現した。[22] 現在生きている人々が自己利益を追求することによって市場は機能する。市場によっては整備できない社会保障は、政府が供給する。そのときの政府のコストは税金か借金（国債）でまかなう。政府の支出やコスト負担方法の意思決定は、国民が間接的に関与する。この意思決定に参加できるのは有権者である。

しかし、意思決定に参加できない子供や、これから生まれる子供の利益は反映されず世代間の格差が拡大し続ける。これから重要なのは、時間を超えた世代間の「共感」なのである。これは、将来世代の意思表明が困難なために、現在世代が将来世代の利益を実感するという「共感力」が鍵になる。生きている現在世代の中から将来世代になりきって意思決定をするグループを作り、政策形成へ影響力を持つようにする。そして現在世代と将来世代の利害調整を通じて、持続可能な経済社会を作っていく。

ここまでくるとほとんどSFのような話である。しかし第1章に紹介したボゴタ市における路上のパントマイムのような奇跡は起こりえる。時間の連続性を考えながら新たなシステムを作ることで、過去と未来は繋がる。現在を生きている人間には、持続可能な社会を実現する責任があるのだ。

小林氏が指摘するように、リベラル思想は時間の連続性を考慮せず、保守思想は時間の連続性を重視する傾向にある。しかし、現在の日本は野党ばかりか与党である自由民主党も時間の連続性を軽視している。与党は過去から現在への連続性には目を向けるが、現在から将来への連続性は考慮しない。客観的な事実に基づくほぼ確実な予測から目を背ける点で、戦前の内閣とよく似ている。未来小説も書くイシグロのことだ、将来時点の日本を舞台にして、矛盾する人物を描くことができるだろう。記憶の中にあるのは平成末年から新元号にかけての日本である。主人公は財政政策に携わるキーパーソンかもしれない。イシグロに伝えたら、このアイディアに興味を持つだろうか？

ふるさと納税の返礼品がないために寄付が集まった町[23]

２００８年に「ふるさと納税」が導入されてから10年以上が経過した。この間に寄付金の受け入れ総額は、約40倍にまで急増した。皮肉なことに、「ふるさと納税」は規模が拡大するほど、事前に構想されていた制度の趣旨からかけ離れていく。政府は「返礼の割合を3割以下に抑える」ように繰返し求めている。しかし、２０１８年11月時点で基準を超える額の返礼を送付している自治体は１１６にのぼった。

静岡県小山町は、政府の要請が出た後に寄付額の４割に相当するネット通販のギフト券を返礼品に追加し、前年度の受け入れ寄付額の9倍以上の２５０億円の「ふるさと納税」

を集めた。財政的に逼迫している状況下で、町長は「腹をくくった」と制度の趣旨を知りながらそれに反する意思決定をしたことを明かしている。[24] 各自治体の良識にゆだねることで、「ふるさと納税」制度を運用していくことは不可能である。このような事態に至って、２０１９（令和元）年の６月から「ふるさと納税」の制度が変更され、小山町を含む４自治体が制度から除外されることが決まった。

「ふるさと納税」は人々が持つ人情に働きかけることを意図した仕組みである。政府が主導した画期的な経済実験と言えると同時に、世紀の大失敗例として歴史に刻まれることであろう。ではなぜ「ふるさと納税」制度の理念と現実が乖離していったのだろうか。この問いについて、人々の「心のクセ」を考慮に入れた行動経済学的な視点から考察していく。

原点に戻って「ふるさと納税」の理念を確認しておこう。「ふるさと納税」が導入される前年の２００７年の６月１日に総務省で識者を集めて第１回「ふるさと納税研究会」が開催されている。この会議の趣旨は次のようになっている。「……都会で生活している納税者からも、自分が生まれ育ったふるさとに貢献をしたい……このような『ふるさと』に対する納税者の貢献等が可能となる税制上の方策の実現」。この背景には、労働人口が減少し衰退していく地方と、地方の労働力を吸い上げ発展する都会との間に税収などの地域間格差が存在しているという認識がある。「ふるさと納税」の導入には、この格差の拡大を緩和する狙いがある。

とはいえ、第2回「ふるさと納税研究会」の議事録を見ると、「ふるさと納税の規模は、税収格差是正というような直接的な効果にはつながらないかもしれないが、間接的な効果に期待したい」という見解がある。つまり、導入以前には、「ふるさと納税」による納税額がそれほど大きな規模になるとは想定されていなかった。現実はここ数年、「ふるさと納税」による都市部の税収減少が深刻な問題と認識されている。いかなるメカニズムが働いていたかを考えてみよう。

現実に導入された制度のルールとその問題点について、簡単に触れておこう。「ふるさと納税」を居住地以外の自治体に納税すると、一定の制約の下で居住地の自治体への納税を免除される。したがって、「ふるさと納税」は地域間の税収の移転効果がある。想定されているのは、「ふるさと」である地方の税収は増えるが、居住している都会の自治体の税収は減るということである。これ自体は理念からの乖離はない。

問題は次の2点である。（1）居住自治体以外のどの自治体に「ふるさと納税」しても良い。（2）「ふるさと納税」することにより、納税先の自治体より返礼品が届けられる。理念では、自らが育った地元が「ふるさと」であり、そこへの恩返しとして「納税」することになっている。しかし（１）のルールの下では、何の恩義も縁もない自治体も「ふるさと」として扱われる。「ふるさと納税」を希望する人が本当に当該自治体で育ったのかを識別するコストが膨大であり実現可能性が低いためであろう。（２）のルールは、「ふるさと納税」をするための動機を高めようとするためのものである。しかし、この動機は物質的な見返りを求めることから生じている。

　単純な例を考えてみよう（現実の制度ではもう少し制約があり複雑である）。５０００円を「ふるさと納税」するＡ氏が、２０００円の市場価格の返礼品を受け取るとする。納税先がどこであろうと５０００円は納税義務があるので、Ａ氏は単純に２０００円の商品をタダでもらうことができる。要するに、（１）と（２）の条件を合わせると、「生まれ育った地元への恩義」とは無関係に、コストゼロで商品を手に入れるために「ふるさと納税」を行うことができる。そうであるなら、なるべく高い商品をタダで提供してもらえる自治体に「ふるさと納税」したくなる。

　「ふるさと納税」の導入後に起きた重要な出来事として、２０１１年に発生した東日本大震災がある。さまざまな先行研究によれば、人々の間の信頼の強さと幸福感は正の相関があることが分かっている。私が行った共同研究によれば、東日本大震災が起こる前に比べて、震災発生後のほうが信頼と幸福感の間により強い相関が見られる。また別の研究で

図3-3　東日本大震災の被災地とそれ以外の地域の「ふるさと納税の受入額」の比較

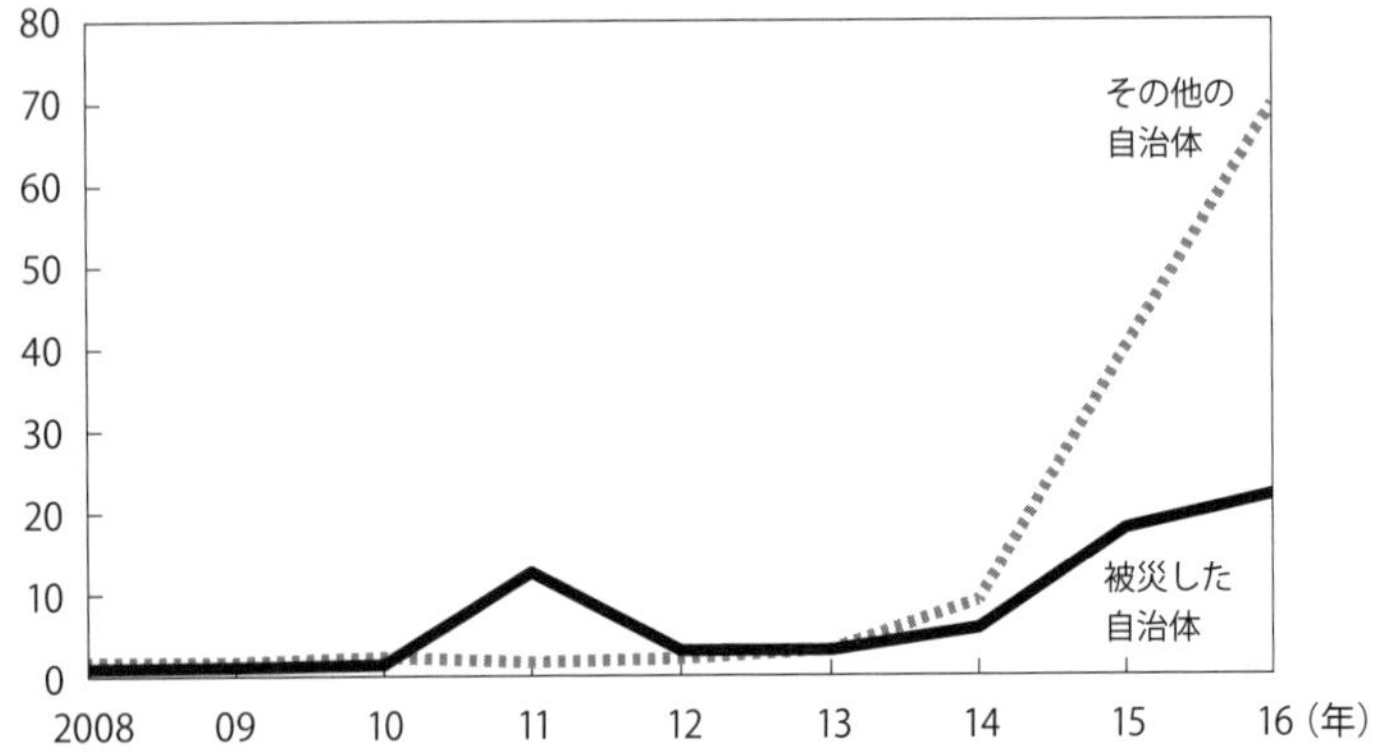

（注）縦軸は被災自治体の2008年の平均受入額を1として指数化。
（出所）総務省HPの公開データより作成。

筆者は、阪神淡路大震災前に比べて、震災後のボランティア活動の参加率が高く、この傾向は被災地に近いほど明瞭になることを示した。これらの研究は、自然災害は人々の信頼関係の役割を高め、利他的行動を促すことを示唆する。

筒井義郎教授・大竹文雄教授との共同研究で私は「ふるさと納税」の受入額を分析した。[25] 図3−3には「ふるさと納税の受入額」の自治体ごとの平均受入額の推移について、「東日本大震災で被災した自治体」と「その他の自治体」に分けて示している。全体に時間が経過していくにつれて、平均受入額は増加しており、そして2013年を越える頃から増加の程度が圧倒的に大きい。注目すべきは、

２０１１年に被災自治体の平均受入額が一時的に大きくなるが、その他の自治体はこのような現象が見られないことである。これは、利他的な動機により、被災地へ寄付金が集まったことを示している。

さらに、詳細な統計分析を行ったところ、次のことがわかった。（１）返礼品の額が大きくなるほど、ふるさと納税の受入額が増加する。（２）返礼品を提供しない自治体へも「ふるさと納税」する人が少なからず存在する。しかし、この自治体が返礼品を導入したならば、「ふるさと納税」の受入額が４分の１程度まで激減する。このような、「返礼品」導入のマイナス効果は、被災自治体で特に大きい。つまり、利他的な動機に基づいて「ふるさと納税」していた人たちは、「返礼品」を設定することにより、納税動機を失ってしまった。言い換えるならば、利己的動機を高めるルールが利他的動機を毀損している。（３）返礼品の「ふるさと納税」受入額に及ぼす効果は、（２）よりも（１）が大きい。全体として、返礼品の導入により、「ふるさと納税」受入額が増加する。

カリフォルニア大学サンディエゴ校の教授であるウリ・ニーズィー教授には、保育園の保護者の行動を分析した興味深い研究がある。[26] 定刻の時間に遅れて子供を迎えに来る保護者を減らすために、保育園は遅刻に対して罰金を科すことにした。その結果、保護者の遅刻は増えてしまった。ニーズィー教授の解釈によれば、保護者は遅れて迎えに行くことに罪悪感を持っていた。しかし罰金によって遅刻が正当化されるようになったために、罪悪感なく遅刻をするようになった。つまり、モラルや規範によって機能していた制度が、経済取引を導入することによって機能不全に陥ったのである。

これに対処するために、罰金ルールをなくしたところ、さらに遅刻が増えたのである。モラルや規範が崩壊し、罰金ルールもなくなったために、遅刻に歯止めがかからなくなったのである。一度崩れたモラルや規範を機能させることは難しい。

２０１９年3月に成立した改正地方税法には「返礼品は寄付額の3割以下」と明記された。これに基づき「ふるさと納税」の新制度は改元後の6月から実施される。これまで曖昧にされてきた返礼品の上限がフォーマルにルール化されることで、保育園研究に見られるようにモラルや規範が崩れていく可能性がある。

「返礼品の上限額のルール化」により、これまで「ふるさと納税」の理念を尊重して返礼品を設定していなかった自治体が返礼品を提供するだろう。モラルや規範が崩れる前に、返礼品の禁止が必要である。そうすることで「ふるさと納税」額は大幅に減少するが、心ある人の制度利用は増加し、本来の「ふるさと納税」の理念が実現できるだろう。

タカラジェンヌはなぜ、清く正しい美しさを保てるのか?

舞台も佳境に入る頃、「男役」トップスターの「明日海《あすみ》りお」がステージを下りてきて通路に面した私の席の横を通り過ぎる。3メートルほど後方の席に腰を下ろし、足を組みながら観客の女性の肩に手をまわし歌い続ける。客席に送るウィンクと微笑に会場は興奮の坩堝《るつぼ》である。初めて宝塚歌劇団の舞台を観ることになった。知人の娘が、歌劇団に所属していることから、入手困難とされる宝塚歌劇団の福岡公演のチケットを分けていただいたのだ。

公演の後から翌日まで、頭の中に宝塚の音楽が響きわたり、サビの部分を口ずさんでいた。ステージのパフォーマンスの質は、予測をはるかに超えていた。後から考えると、私の席はトップスターを間近にできる特等席だったのだ。ご存知のことかと思うが、宝塚は劇団員全員が女性で、女性が「男役」を演じる。なので、女性がヒゲを付けた姿で踊り歌うこともある。大半の観客は女性だ。一緒に観劇していた妻によると、どんなに「いい男」でも、現実の男には必ずダメな部分がある。女性目線の理想の男を宝塚の「男役」は体現しているという。女性心理を熟知した女性自身が演じるのだから、「男役」は現実にはありえない存在となる。なんとも奥が深い話である。

知人の娘は「春妃《はるひ》うらら」という「娘役」だ。チケットを入手した後、手書きの当日の登場場面と役どころの説明書が届いていた。真上から見た舞台の図の中に、全体の出演者の中の「春妃」さんの位置関係が詳しく描かれている。場面ごとに位置が変わるので、全部で10枚位の図が描かれている。それぞれの場面を説明する言葉も添えられている。トップスターには常にスポットライトが当たるので説明不要であるが、その他の出演者がどこで踊っているのかを知るには事前情報が不可欠である。宝塚の劇団員は踊り、歌い、演技を学ぶ以外に、贔屓のお客に説明書や礼状を書くのも重要な仕事なのだ。

さらに、出演者の親などがボランティアで知人に宣伝を行うことで、チケットの販売網ができる。このようにして、トップスター以外にも熱心なファンができる。煌《きら》びやかで華麗な宝塚の舞台裏では、地道な努力が積み重ねられている。そして、ファンへの真心が、出演者の一挙手一投足に表れる。宝塚のファンはそれを見守るのである。

出演者それぞれに魅力があっても、舞台の上では識別不能である。世の人が自分の好みに応じて「贔屓」の出演者を見つけ、人的コネクションを通さずチケットを購入するならば、トップスターに人気が集中することは間違いない。トップスター以外を贔屓する観客は皆無になることだろう。

経済学的に考えても、出演者全員の魅力を知った上で、チケットを購入しているならば望ましい結果と言える。しかし、現実はそうなっていない。したがって、親など身近な人が出演者を応援し、知人等に売込みをすることが有効となる。ここで重要になるのは、濃密かつ長期的な人間関係ではなく、ちょっとした知人など緩やかだけれど広範な人との繋がりである。

「弱い繋がりの強さ」という論文で社会学者のマーク・グラノヴェッターは、次のような主張をした。職探しをするときなどは、閉じられた村社会の強い繋がりではなく、開かれた社会の弱い繋がりが強みを持つ[27]。例えば、たまに会って世間話をするような人が多いと、人手不足になっている職場などの情報が入りやすくなる。私的な求人情報を流す人は、相手に対してほんの少しの共感がはたらいているだろう。

宝塚歌劇団は親の情愛に支えられている。宝塚の劇団員になるためには、まずは約25倍の狭き門をくぐりぬけ宝塚音楽学校に入学する必要がある。同期入学の中からトップスターが選ばれると、他の同期生とトップスターが入れ替わることはない。トップスターが交代するときは、入学期が後のグループから選ばれる。したがって、贔屓のファンが多くついたとしても、スポットライトを一身にあびることはない。宝物のように育てた娘の輝きを知らしめるために、親は人知れず汗を流している。

「人情」は市場経済に何をもたらす？

個人が自分の欲望だけを追求することによって、社会は物質的に豊かになる。これが、市場を重視する標準的な経済学の考え方だ。市場の弱点は、格差の拡大に対処することが困難な点である。一方、市場経済を否定する共産主義、あるいは社会主義の経済学もかつては有力な考え方とされた。この考え方にしたがって、国家が経済を管理した国々は、悲劇的な結末を迎える。これを「政府の失敗」とよぶ。

では、先に述べた「共同体」のみによって構成される社会はどのようになるだろうか？詳細は省略するが、原始的な共同体を復活させるために、エリートや金持ちを生む教育や知識を全否定した国が存在した。それはポルポト政権下のカンボジアであり、これも悲劇と混乱を生んだだけだ。

人類の経験からすると、「国家」や「共同体」による経済運営はすべて失敗したと言って良い。その結果、日本が平成時代に入る頃には、市場経済が生き残ったわけである。格差があったとしても、それは短期的には存在するが、それが固定されることはない。長期的には高所得層の子孫が低所得層になる可能性もあるし、低所得層の子孫が高所得層になる可能性もある。市場経済における、努力による一発逆転の「アメリカン・ドリーム」を信じる者は政府に頼らず自助努力を重んじる。このような世界観を理論的に示したのは、フランスの経済学者ピケティである。

実はその後、21世紀になって歴史データを発掘することで再認識されたのは、市場経済が生み出す長期的な格差の拡大であった。[28] 皮肉なことに、これを明らかにしたのも、ピケティである。[29]「国家」、「共同体」そして「市場」のいずれも問題を抱えている。私の考えでは、「人情」や「共感」を無視した机上の空論を現実世界に適用させてしまったことに問題の本質がある。では、「人情」を織り込んだ経済とはどのようなものなのだろうか？

神取道宏氏の主張を議論の出発点としよう。市場は見も知らない多数の人々が参加することによって大きな満足を社会にもたらす。[30] 顔見知りの人からは得られないようなものを手にすることができる。例えば日本において、周囲の顔見知りで美味しいコーヒー豆を生産している人はまず存在しない。しかし、コーヒー好きの日本人は存在し、日常的にカフェなどでコーヒーを楽しむ。この原料であるコーヒー豆は世界各地のコーヒー産地で働く農民により生産される。もちろん、コーヒーを飲む私達は、その農民のことを直接は知らない。単純にコーヒーの価格を支払っても、飲みたいと思うから飲むのである。

一方共同体は顔見知りの範囲で互いに助け合う関係によって維持される。少人数だが、お金に左右されないで行動する。そして、相手を助けるという規範が共同体の中で共有されている。しかし、日本の共同体の中で完全に閉ざされた人間関係からコーヒー豆を手に入れることは不可能である。知人からコーヒー豆を譲ってもらったとしても、それはどこかで見知らぬ外国人から手に入れるのである。

神取氏は共同体の人間関係を国家レベルまで拡大し、助け合いの規範を見知らぬ人まで広げていくと何が起こるかを論じている。互いに相手の行動を監視する不自由な社会が出来上がる。そして、この社会は専制的な独裁者の恐怖政治によって統治されるという。この実例が存在する。平成の初頭に崩壊していった社会主義諸国である。革命により共同体を国家レベルまで拡大したときに何が起きたのか？　抽象的な話はさておき、現実に何が起こったのかは次のエチオピアの出来事を見るとわかる。

「革命の最初のうちは、私達は全員、過去と繋がりのあるものをいっさい拒絶した。自動車も運転せず、スーツも着なかった。ネクタイをつけることさえ犯罪だとみなされた。裕福に見えたりブルジョアに見えたりするもの、富裕と洗練の雰囲気がにじみ出ているものは、旧体制の異物として嘲笑の対象になった。ところが、〈中略〉しだいに物質主義が受け入れられ、後に望まれるようになった。〈中略〉何でも最高のものを選んだ。最高の家、最高の車、最高のウィスキー、シャンパン、食べ物。革命の理想とは正反対だった[31]」

革命が失敗した理由は、人間の自然な欲望を考慮に入れなかったことによる。人間は豊かになりたいし、欲しい物もある。これも人情である。社会主義は人情を無視したことにより崩壊したと言える。では、共同体は人間社会にとって無意味なのだろうか？　やはり、このような極論にも私は違和感を覚える。顔の見える範囲で助け合うことの何が悪いのだろう？

市場経済も人情を無視すると失敗するのではないだろうか。実は共同体と市場の両方の長所を生かす社会の模索を、経済学者は行ってきた。基本的な枠組みとして提示されるのは、次のようなものだ。市場取引を支える法などの社会制度が未発達な段階では、規範によって維持される共同体が重要な役割を果たす。しかし、共同体は一定以上の豊かさはもたらさない。経済発展を促す上で、市場取引を広げるための法制度が必要になる。つまり、インフォーマルな規範によって維持される共同体から、フォーマルな制度や法によって機能する市場への移行の経済発展パターンが提起された[32]。

私は共同体から市場への発展パターンの枠組みを援用し、岡山県の児島のアパレル産業

表3-2　経済発展パターン

	企業の社会関係資本	経営者の人的資本
初期段階（共同体の掟）	プラス効果	マイナス効果
拡大段階（市場ルール）	マイナス効果	プラス効果

集積の発展を分析するためのフィールド調査を行った。[33] 調査を通じてデータを集め推計した結果、表3－2に示した経済発展パターンが明らかになった。具体的には集積地の発展において、次のようなメカニズムが働いていた。

各アパレル企業が成長するには、企業が蓄積してきた社会的信頼、経営者が教育をうけて身につけた能力が必要である。ここでは、前者を「企業の社会関係資本」、後者を「経営者の人的資本」とよぶことにする。さらに、経営者が現実の経営を通じてさまざまなことを学び、より良い経営方法を身につける。これを「学習効果」とする。児島地域における産業集積の発展初期段階では、狭く閉じた地域社会における取引が中心なので、共同体の掟（規範）に基づく人間関係が重要である。

地域における「企業の社会関係資本」が大きな企業ほど、共同体内で長年にわたる取引関係がある。そうすると、経営者が顔見知りの取引先からさまざまなことを学ぶ機会が多く、企業パフォーマンスを高めることが可能になる。したがって、「企業の社会関係資本」が大きいほど、経営者の「学習効果」が大きくなる。

一方、教育を受けた経営者は、共同体内の掟よりも、現代社会の法的なルールに則って取引をする傾向がある。「共同体の掟」と「現代社会の市場経済を支えるルール」は異なるため、教育による「人的資本」が大きな経営者ほど「掟」破りの行動をとり、村八分にあうことだろう。この場合、教育を受けた経営者ほど、経営者としての経験を生かすことができない。

ある程度、集積地が発展すると市場経済における取引が重要であるので、共同体を越えてより広範な取引相手との交渉を通して、さまざまなノウハウを身につける必要がある。教育を受けた者ほど、広範な相手と共通のルールを共有することができるので、「学習効果」が大きくなる。この場合、経営者の「人的資本」が大きいほど、経営者の「学習効果」が大きくなる。その頃には、「共同体の掟」に忠実な経営者ほど、共同体の外部のルールを理解できず、取引相手を拡大することが困難になる。その結果、「企業の社会関係資本」が大きな企業の経営者ほど、利益を上げるチャンスを逃すことになる。

私が描いた経済発展パターンは、経済を支える共同体の仲間内で通用する「規範」の有用性を認めつつ、グローバルに通用する普遍的な「ルール」の確立によって経済が発展していくことを示している。これは、今から10年ほど前に私の頭の中にあった世界観である。この世界観は過去の高度成長期の日本のように、人口が増加し続ける途上国において有用となる。

しかし、日本はすでに法などの制度条件が整備され、急速な少子高齢化が進む成熟社会である。過去の成功体験を思い出して経済成長を再現しようとする試みは夢物語に終わる。スモール・イズ・ビューティフルを目指し持続可能な社会に軟着陸することが求められる。新元号を迎えた現代日本が抱える問題へ対処するためには、新たな処方箋を提示する必要がある。そこで重要になるのが、「開かれた共同体」と「市場」の補完性である。誰の強制も受けずに自然に形成される人間関係の中での共感。ネットなどを通じ風通しの良さもある、新たな「共同体」が「市場」の不備を補うことだろう。

強制されるトップダウン型の信頼ではなく、ボトムアップ型の自然な人情からわきあがる信頼。芸術・文化は自然な人情に働きかける。これは、間接的だが持続的な影響力がある。[34] さらに、他者と共有する場の役割を再考しよう。第1章で紹介したコロンビアのボゴタ市路上でのパントマイムの役割を思い起こそう。「市場」と「共感」のギャップを埋める鍵は「経済学者」から見えないところにある。私を含め、経済学者は目に見える証拠がない限り納得しない。

しかし、「大切なことは、目には見えない」[35]。見えないものに目を凝らし、少しでも可視化するのが経済学者の仕事である。そこで、鍵になる感性は愛情ホルモンの「オキシトシン」として数量化されている。それは、女性的な「愛」なのである。

［注］

（1）丹［２０１７］、2章。
（2）効率賃金仮説の説明として、佐々木［２０１１］を参考にして記述した。
（3）リーソン［２０１１］。
（4）Yamamura [2015].
（5）丹［２０１７］、1章。
（6）この段落は、主に次の文献を参考にして書いた。亀田［２０１７］、3章。
（7）２００９年頃に実施されたＩＳＳＰ調査（International Social Survey Programme 2009 Social Inequality IV）による。
（8）詳しくは、Luttmer [2005] を参照のこと。
（9）ピケティは歴史データを用いると同時に、小説などを引用しつつフランス社会の実態を描写した。詳しくは、ピケティ［２０１４］を参照のこと。
（10）個人的見解である。「一人前の経済学者」の一般的定義はない。
（11）Yamamura [2011b].
（12）Yamamura [2012b].
（13）速水［２０００］、9章。
（14）Yamamura [2012a].

(15) 現在では、「子ども科学電話相談」としてレギュラー放送されている。

(16) 島澤［２０１９］。

(17) 猪瀬［２０１０］。

(18) これから影響力を増す昭和の「新人類」世代はバブル景気の夢から覚めていないような気もする。生まれたときからある程度は豊かで、おまけに世界有数の経済力をほこり、将来も経済成長もほぼ確実な世の中。社会の強固なシステムがあり個人の自由を束縛するが、その中で「歯車」になりさえすれば一生安泰である。経済成長が約束された中で、いかに人間らしく生きれば良いか？　このような問題意識を持った若者が、専業の「アルバイター」の傍ら自身の夢を実現しようとする。昭和生まれの「新人類」の思考回路である。私もその1人で、企業の歯車になるのはつまらないので、まずは世界の現実を実感しようとしてバックパッカーとして数年を過ごしたのだ。私と同世代の50歳台の人々と話すと、今も過去の幻影の中を生きているように感じることがある。私が接した学生は、現在のリアルな世界に住んでいる。若い世代から見ると、昭和の「新人類」は「生ける化石」とも形容できる存在かもしれない。

(19) Giuliano & Spilimbergo [2014].

(20) 小林［２０１８］。

(21) アダム・スミスの研究は行動経済学や脳科学など最先端の研究分野の研究対象に重要な示唆を与えている。堂目［２００８］の「あとがき」。

(22) 神取［２０１４］。

(23) 本節の議論は主に、山村［２０１８］を下敷きにして加筆修正したものである。

(24) 『日本経済新聞』２０１９年2月4日。

(25) Yamamura, Tsutsui and Ohtake [2017].

(26) ニーズィー＆リスト［２０１４］、1章。

(27) 弱い人的繋がりは、職探しのときなどに有効であることが知られている。Granovetter [1973].

(28) Piketty [1995].

(29) ピケティ［２０１４］。

(30) 神取［２０１４］。

（31）アセモグル＆ロビンソン［２０１３］、１５８ページ。
（32）速水［２０００］。
（33）児島は日本一の学生服の産業集積があり、富士ヨット学生服などの本社が立地するほかBig Johnなどの大手ジーンズ企業の本社も立地する。近年では高級ジーンズのメーカーが次々と誕生している。Yamamura [2009a].
（34）１９８０年代前半に流行した、佐野元春の楽曲に「Some day」がある。孤独な若者に、他者を信じることの意味を問いかける歌詞である。情熱的だが、政治的メッセージソングとは異質な、柔らかな洒落た楽曲だ。高校生の頃によく聴いていた。現在の私の思考にも影響しているかもしれない。
（35）サン＝テグジュペリ［２００６］。

第4章

女性の担任クラスになった人は、どんな大人になる?

小一のときの担任はその後の人生に影響する

第2章の「おしん」についての節で、教育の経済学の先行研究によれば、低年齢ほど教育効果が大きいことを紹介した。[1]「おさらい」しておくと、幼少期に教育を受けた子供は学力ばかりでなく忍耐強さや向社会性などを表す「非認知能力」が高くなることがわかっている。「非認知能力」は価値観や考え方などにも関わっている。

そこで、私は小学生の頃の担任教師の性別に目をつけた。そして、独自に調査を実施しデータを集め、担任教師の効果が価値観に与える影響を分析することにした。[2] 調査をするときには、その中でも小学1年生のときの担任教師の効果がポイントになる。その理由は次の3つである。

（理由1）最も低い学年であるがために、担任教師の影響が大きい。

（理由2）親の意向や生徒の好みを反映して教師を選ぶことはできない。

（理由3）小学校側も普通学級に入学する生徒の特性などの情報がないため、生徒の特性に合わせて教師の性別を決めることができない。

　生徒や親、学校側の意向とは無関係に、ほぼ完全に無作為に生徒と教師の組合せができる。これは、重要な条件である。もともと大人しい性格の生徒は、優しい傾向にある女性の先生が担任になることを望むだろう。学校側も大人しそうな生徒と女性教師の組合せが望ましいと考える。

　私立小学校では、入学試験のときに面接が行われ、両親と生徒、学校側の先生との間で、生徒の特性について情報を共有することだろう。私立小学校ならば、個別に生徒の親の意向も考慮して生徒と教師の組合せを考えるかもしれない。このような場合、もともと優しい性格を持つ生徒が、女性教師の担任クラスに入ることになる。そうすると、優しい性格は女性教師の影響を受けて形成されるのではなく、入学前から生徒に備わっていた特性であることになる。

　この場合、女性教師の効果は「見せかけ」に過ぎない。したがって、女性の担任教師効果を検証することができない。しかし公立小学校では、入学前に生徒側と学校側の情報共有はない。この条件は女性教師効果を分析することに適している。そこで、調査対象は公立小学校に限った。

考え方や行動などにおいて科学的に性差が確認されている。一般的に、女性は男性よりも社会のことに気を配る性質がある。つまり女性は男性よりも、個人の利益だけではなく、社会全体の利益を考える傾向があるのだ。近年、企業が利潤の追求ばかりでなく、環境、コミュニティ、適正経営などに責任を持つべきとの考えが広がりを持っている。[3]これらの社会全体の多面的な利益を考えることを、Environment、Society、そしてGovernanceの頭文字をとりＥＳＧと言う。

さらに、第１章ですでに論じたように、女性はオキシトシンの値が大きい。したがって、女性は生まれつき男性よりもＥＳＧ投資を重視する傾向があるだろう。そうだとすると、同性である女性の先生からの効果は小さくなるだろう。これらの前提から、次の検証仮説を立てる。

（仮説１）女性の先生に教えを受けても、女子児童は成人後にＥＳＧを重視する効果は小さい。

（仮説２）女性の先生に教えを受けると、男子児童は成人後にＥＳＧを重視するようになる。

これら2つの仮説を検証するために、調査項目に次の質問を入れた。①ＥＳＧへの賛否をきいた[4]。②回答者が小学生だったときの担任教師の性別を、1年生から6年生まで各学年についてきいた。この他、所得や就業状態、親の学歴などについての情報も集めた。推計結果から次のことが明らかになった。

（結果１）女性は男性よりもＥＳＧを重視する。

（結果２）女性教師の影響は、女子児童には見られない。

（結果３）女性教師が担任だった場合だと男子児童が成人になったときにＥＳＧを重視するようになる。

（結果４）女性教師の影響は小学１年生の担任のみに観察される。

以上の結果を総合すると、提起した仮説1と2が、概ね正しいことがわかる。女子児童について、女性教師の影響が全く見られないのは、女子児童は小学生からＥＳＧを好むような特性を備えていたことを意味する。全体として興味深いのは、企業という概念そのものも理解し得ない小学1年生において、長時間接する女性教師の価値観が男子児童の価値観に伝播するということである。

次の章で説明するボーヴォワールの「人は女に生まれるのではない、女になるのだ」という主張がある。この考え方を男に置き換えて考えてみよう。そうすると、「人は男に生まれるのではない、男になるのだ」という仮説を提起できる。本節での結果から、「人は男に生まれる」という部分は支持される。しかし、「男になるのだ」という後半部分は場合による。女性教師のような母性に接して育つと「女みたいな男」になり、そうでない場合は「男らしい男」になる。女性の社会進出が進み、女性と共に過ごす時間が長くなると、その影響で「女みたいな男」が増加するかもしれない。

12人の小学1年生と出会い、成長を見守り続けた女性教師の物語がある。生徒達が大人になる頃には、戦争で命を失った者、失明した者もいた。12人そろうことが適わない同窓会が開催される。再会した盲目の青年に、女性教師は子供時代のアダナで声をかける。女性教師の心には、いつまでも24の瞳の輝きが灯り続けていた。１９５４（昭和29）年に公開された木下恵介監督による『二十四の瞳』のラストシーンに人は涙するだろう。先生役の高峰秀子はまさに聖母だ。

女性は女性として生まれるのか、それとも女性になるのか？

２０１８年の5月に二十数年ぶりにパリの街を訪れた。家計経済学会出席のために滞在したのだ。学会では、女性の社会参加などについてラケル・フェルナンデスなどの特別講演が行われていた。フェルナンデスは経済学者の視点から、女性主導で価値観を含む文化が変容すると主張する論客だ[5]。若手女性研究者の報告ではフロアから活発に発言していた。フェルナンデスの提案に対し、現状では実行が難しいと若手が返答した。その瞬間、フェルナンデスの声が会場に響き渡る。「私達には、できる！」、間をおいてもう一度さらにヴォルテージを上げて繰り返した。スマートな容姿だが「目力」が強く、圧倒的なオーラが漂う。

気ままな私は特別講演を聴講し、自分の学会報告を終えると後に会場を抜け出した。街の散策をしながら、スケッチブックを小脇に抱え、パリの街をスケッチする。地下鉄サン・スルピス駅の近くに、アルベール・カミュの息子が住んでいることを思い出した。伝え聞いた番地に行くと、アパルトマンがある。入口の押しボタンが付いた住居人の「表札」を見ると、無造作にCamusという名がある。

パリの街で、私は『異邦人』だ。駅に向かって歩き続けていると、誰かに見られているような気がした。本屋のショーウィンドウに目を留める。

シモーヌ・ド・ボーヴォワールが私を見ている。静かな眼差しで、何かを語りかけているように見える。よく見ると、ボーヴォワール関連の本が10冊以上も並んでいる。どうやら、ボーヴォワール祭りといった風情だ。彼女のパートナーだった哲学者ジャン＝ポール・サルトルとカミュは、人間の存在についてあれこれ語り合う仲間だったが、最終的に決別していたはずである。

　２０１８年はパリの学生が起こした騒乱から50周年を迎える。私が誕生した年から50年でもある。騒乱の中心にはサルトルやボーヴォワールがいたはずである。賛否両論あるものの、パリの人にとっては、２０１８年は1つの区切りとなる年なのだ。騒乱以降に誕生した人物が大統領をつとめている。パリの市民の大半は、リアルタイムで当時の騒乱を知らないはずだ。そんなことを思い浮かべていると、ショーウィンドウの中にボーヴォワールの代表作である『第二の性』を見つける。この中に、よく知られた次の言葉がある。

「人は女に生まれるのではない、女になるのだ」

　女性の特質は生まれたときから備わっているのか？　それとも、社会の中で育っていくうちに女性の特質が形成されるのか？　ボーヴォワールは当時の社会に、大論争を巻き起こした。50年以上も前に出版された本だが、古臭さは感じない。人によってどのように考えるかは自由なので、ボーヴォワールの主張が正しいか否かは長年決着が付かない問題だった。人間行動を科学的に分析することが可能になった現代において、性差の形成過程は実証的に検証可能になっている。そして、家計経済学会の研究者を中心として、精力的に分析が進められている。本章では、性差研究の成果を概観しつつ、女性が社会で活躍するようになると、どのようなことが起きるかを考えてみたい。

女性と男性は、何が違う？

私が勤務している西南学院大学の経済学部では、４年生でゼミを履修すると最大で２つの単位を取得できる。１つはゼミに参加することによって与えられるゼミ単位。もう１つは卒業論文を提出しその内容を認められたときに与えられる卒論単位である。私のゼミナールでは、次のような方針を採っている。ゼミ単位を取得するには、ゼミに出席して、Ａ４の基本設定で10枚くらいの卒業レポートを書いてもらう。レポートの質は問わず、内容は自由だ。卒論単位は、Ａ４で16枚以上の長さで質も「一定の水準」に達した卒業論文を書き上げる必要がある。

そして「一定の水準」に達するまで、私が何度も修正の要求を出す。事前に、非常に厳しい基準なので、かなりの努力が必要だと説明する。研究を楽しむには、試練を乗り越える必要があるのだ。甘い考えで卒論に取組むなら、今のうちに止めておいたほうが良いと伝える。決して無理強いはせずに、本人がチャレンジするならば、私も真剣に対応する。途中であきらめるならば、それは自由である。卒論をあきらめ、卒業レポートを書く学生には、優しく緩やかに対応する。

厳しいことを知りながら、私のゼミであえて卒論を書く者は、2種類に分けられる。積極的に卒論にチャレンジする意欲的な学生と、意欲はあまりないのだが仕方なく卒論を書くことにした学生だ。後者は、4年になるまでダラダラと過ごし単位を落としてしまったために、卒論単位をとらない限り卒業不可能な状態に陥った学生だ。前者については、ほとんど心配することはない。後者は、必ずと言ってよいほど、原稿完成が遅れ、ぎりぎりの状況に追い込まれる。そして、後者の学生のほとんどが、男子学生である。

女子の場合は、原稿完成も早いし質も高い。さらに、女子は「一定の水準」に達したことを認定した後も、論文の質を高めるために、さらなる修正を試みる。もう1つ、興味深い現象がある。私は卒業レポートに対して修正要求をしない。基準枚数に達したレポートを提出するだけでＯＫだ。標準的「経済学」からすると、質を高める動機がないはずである。しかし、中には非常に優れた卒業レポートを書く学生がいる。正直なところ、ほんの少し加筆修正すれば卒論の「一定水準」に達するような質である。仮説はいくつか考えられる。

（仮説1）卒論を書いている仲間が、非常に苦労しているのを間近で見ている。その姿が基準になり、自然と努力をして質を上げようとする。

（仮説2）能力が高い者は、卒論を書くための労力を予測し、その労力をより有意義な活動（資格試験など）に振り向ける。しかし、もともと能力が高いので、少ない労力で質の高いレポートを書き上げる。

（仮説3）実際以上に卒論執筆が過酷であると考え、無理はしないでおこうと考える。何事にも慎重で真面目な性格なので、結局レポートも努力して質を上げることになる。

さらに、もう1つ興味深い事実がある。水準の高い卒業レポートを提出するのは、たいてい女子学生なのだ。

私のゼミでの経験談を説明する仮説としては（3）が有力だ。仮説（3）は行動経済学の知見と整合的なのだ[6]。男性に比べ、女性は積極的な発言や、意見を述べることが少ない。さらに、選挙などがあったときには、よほど自信がない限り立候補することはない。これらの傾向を説明するメカニズムとして、次のものがある。

（1）リスクがあるときに女性は回避する傾向が強い。

（2）男性は女性よりも根拠のない自信を持つ。

これを生物学的なレベルで検証した研究もある。第1章で紹介したオキシトシンは女性的な体内物質である。オキシトシンが増加すると、親愛、共感、そして幸福感が高まる。対照的な体内物質がテストステロンであり、男性的な特徴と関係する。例えば、テストステロンが増えると、攻撃性、リスクに立ち向かう勇気などが高まる。男性金融デリバティブのトレーダーは、取引に成功した場合に取引前よりもテストステロンの値が高まることがわかっている。

一方、女性の場合は、同じ状況でもテストステロンの値は変化しない。そもそも、生物学的なレベルで男女の差があるのだ。本章冒頭でのボーヴォワールの主張とは異なり、「女性は女性として生まれる」といえる。

ここで立ち止まって考えてみよう。本当にボーヴォワールは間違っているのだろうか？確かにオキシトシンはステレオタイプの「女性的」特徴、テストステロンはステレオタイプの「男性的」特徴と結びつく。さらに平均的にオキシトシンの量は女性に多く、テストステロンの量は男性に多い。しかしこれだけでは、説明がつかない次のような現象がある。

昔の体験を紹介しよう。札幌の中島公園近くにあるレストランの店内には、中央に大きな縦長のテーブルがあった。10人程度は座ることができる。他の席からもよく見える位置だ。おまけに、中央のテーブルにはスポットライトが当たっている。格闘技の「リング」が中央のテーブルだとすれば、周囲の席は客席だ。店の企画で、２キログラムぐらいの巨大ハンバーグを30分で食べることができれば賞金が与えられる。失敗すれば、ハンバーグの料金を支払う（３０００円程度だった記憶がある）。

さらに、希望者が数名集まったときに、挑戦者達は中央の「リング」に集められる。高校3年の私は、友人２人とチャレンジすることにした。店中にアナウンスが鳴り響く。「これから、巨大ハンバーグチャレンジが開始されます。挑戦者が中央テーブルに着きます」。客の視線を浴びながら、私達は店の中央に進み出た。

「リング」に登場すると、目の前には40歳台と思われる短髪の紳士、そして20歳前後の華奢《きゃしゃ》な女性がいた。紳士と女性は全く面識がないようだ。つまり、チャレンジャーは私と友人の3人、紳士1人、若い女性1人の合計5人だ。紳士が女性に話しかける。紳士はこのような催しによく参加するようだ。女性は初めての挑戦だ。紳士がリラックスするように優しい言葉をかける。余裕たっぷりである。女性は控えめに自信がなさそうに返事をする。テーブルの上に時間経過を知らせるための大きな時計がおいてある。スタッフが開始を告げる。

「では、始めてください」。

無我夢中で食べ始める。食べているうちに満腹感を伝える情報が脳に伝達される。実際に食べた量を脳が認識するまでに時間差がある。脳に情報が伝達される前に、行けるところまで行く。これが、私が考えた作戦である。しばらくすると、隣の友人が口の中を火傷したと苦悶の表情になる。紳士はゆったりと女性に声をかけながら食べている。食べる速度が異常に遅い。これまでの大食い体験談がきこえてくる。ステーキの大食いのときの状況を説明している。相槌を返しながら食べる女性の速度は速くもなく、遅くもない。一定のペースを守りながら、淡々とハンバーグを口に運んでいる。

私は半分ぐらいまで食べ進んだ頃に、脳に満腹感が伝わったようだ。苦戦を強いられている。口内火傷をした友人も、もう1人の友人も苦しそうだ。そこで私は「家に金忘れてきた」とウソを伝えた。この場合、残り2人の所持金を合計しても、3人分のハンバーグ料金を支払うことは不可能だ。3人中1人でも成功すれば、問題はない。退路を断つことにより、友人のモチベーションを上げようとしたのだ。[7]「マジかよ！」、友人達は涙目になる。

紳士は全体の3分の1程度食べた頃に、「どうやら今日はここまでです。引き際は綺麗にします」と女性に告げて、余裕たっぷりのまま「リング」を降りた。しばらくして、3分の2程度食べた頃、汗だくの私達も負けを認めた。最後まで残ったのが若い女性だ。たった1人の孤独な「リング」で、相変わらず自分のペースで食べ続ける。そして、完食した。

行動経済学の知見は私の失敗談をうまく説明している。男達を巨大ハンバーグに向かわせたのは、自信過剰とリスク軽視の見積もりの甘さである。しかしこれまで紹介した研究結果からは、成功した女性の行動を説明できない。次節では、女性を挑戦に駆り立てた秘密を探る。

そして、もう1つの疑問が今も私に残る。「リング」で出会った紳士の行動を経済学では、うまく説明できないのだ。彼は一体何者だったのだろうか？

女性は生まれつき競争が嫌い？　それとも競争嫌いになる？

彼は高校を2年生で中退し、柳川市にあるボートレーサー養成学校に入学した。合格率は約4％、2回目の試験で合格したという。ボートレーサーには厳格な体重制限がある。1年後の卒業時にレーサーとしてデビューするには、軽量を維持しなくてはならない。まだ成長期で小さかった体が大きくなっていった。体重を維持することが困難になり、半年後に退学した。失意の後に大検の試験を受け合格し、さらに西南学院大学の一般入試にも合格したという。結局、計算上は「現役合格」して、4月の現在に至った。

1年生向けの少人数授業「基礎演習I」で、受講生同士をペアにして、自分のそれまでの過ごし方、今後の目標などについて話をさせていた。受講者が奇数人数だったので、余っていたY君の話を、私がきくことにした。冒頭の来歴は、Y君のものだ。中肉中背で筋肉質、知的だがどこか愛嬌のある風貌だ。話上手なので、私は次々と質問をしていた。気がついてみると、授業終了のチャイムが鳴っていた。あまりにもユニークな経歴が強く印象に残った。

Y君は3年、4年と私のゼミ生になった。人懐っこい上に、非常に優秀だ。私が考えていることを瞬時に理解する。何をきいても、予測を上回る返答をする。私は全くボートレースの知識がない。ときどき、私がボートレースについて質問をすると、レースのルールから、選手のトレーニング方法、選手の日常生活などさまざまなことを教えてくれる。ある日のコンパの席で、女性レーサーの存在を知らされた。

男性レーサーと女性レーサーが同じ条件で、同じレースで競走することもあると言う。全く想像できない状況だが、ボートレースの世界では日常の光景だという。いつの間にか、私は夢中になり質問攻めにした。そして、ボートレースは毎日、複数の競技場で行われており、データも豊富にあることを知らされた。

男性は一般に女性よりも競争心が高いという知見がある。[8] では、この競争心の男女差は、生まれたときから備わった特性なのか？　それとも生育過程で徐々に形成される特徴なのか？　これについては、研究者の間で見解が分かれる。すでに紹介したように、体内物質であるテストステロンの量が生まれたときから違うのであれば、生物学的な差である。

一方、ボーヴォワールが主張したように、「人は女に生まれるのではない、女になる」のであれば、社会環境による差である。この点を明らかにするために、実験室から飛び出して行われた「実験」がある。日本の社会では伝統的に、男尊女卑の傾向が見られる。女性よりも、男性が優先される社会だ。このような価値観は大なり小なり、世界中で観察されるような気がする。

しかし、実際には真逆の社会も存在する。つまり、男性よりも、女性が優先される社会だ。この点で、対極にある社会でそれぞれ男女の競争心の違いを検証することにより、競争心が生物学的な違いによるのか、社会環境の違いによるのかがわかる。そこで、世界中で最も男性が優位な社会である東アフリカのマサイ族と、世界中で最も女性が優位な社会である南アジアのインド北東部のカシ族に対して、次のような実験が行われた[9]。それぞれの村人にバケツにボールを投げ入れてもらう。10回ずつ投げて入ると得点になり報酬を得ることができる。事前に支払い方式について、2つの方式から自分が良いと思うほうを選択してもらう。

(1) 得点に応じて一定の支払い額が決まる方式。
(2) 村人の誰かと競争して、勝った場合得点の3倍の支払い額を獲得できるが、負けた場合は得点に関係なく支払いはもらえない。

後者の方式のほうが競争的であることは明らかである。実験結果は、マサイ族では男が競争的な方式を選ぶ可能性が高かった。これは他の先行研究と整合的である。一方、驚くことにカシ族では女のほうが競争的な方式を選択する可能性が高かった。この結果は、競争的な性質の性差は社会的に形成されることを意味する。しかし、このような結果は東アフリカと南アジアにおける他の文化的な違いによって生じているのかもしれない。

性差のフィールド実験は日本において行われたことはほとんどない。現代日本社会で男性と女性が同等に競い合い、女性の活躍が目立つ職業として、ボートレースがある。そこで、私は性差研究の大家であるアリソン・ブースと共同で日本のボートレース界の特殊な設定を利用して実験的設定のもとで検証を行った。[10]ボートレース界には約１６００人の現役レーサーがいる。そのうち約2割が女性レーサーである。レースは6人のレーサーが競い合う。レースの多くは、同性レーサーだけが参加する。

一方で、男女が同じレースに参加する「男女混合レース」も少なからずある。その際、男も女も同じ条件の下で競い合うのである。もちろん上位に入賞すると、賞金を得ることができる。ほぼ毎日、全国24カ所のレース場のどこかでレースが開催されている。朝から夕方まで1日で12レースが行われる。レースごとのレーサーの個人レベルの行動や成績に関するデータは数十万件の大規模データになる。

したがって、「男女混合レース」のデータも1万件以上収集できた。同じレーサーが複数回レースに出場しているので、同一レーサーのレース成績が追跡できる。そのためにレーサー個人能力以外の、条件の影響を検証できる。とりわけ、同性同士で競走する場合と異性レーサーと競走する場合でどのような違いがあるかを観察することが可能だ。

ボートレースの特徴として、出走前に定められた枠番があるのだが、本番レース開始直前に「コース取りの争い」がある。入口付近にある事前の枠番から出て、水上にあるレーン地点までゆっくりと移動していく間の駆け引きは非常に興味深い。インコースに入ることができれば有利になるので、多くのレーサーは「コース取りの争い」でインコースに入ろうとする。

事前の枠番が1〜6番まで決められているので、他のレーサーの位置に割り込まない限り、事前の枠番とスタートレーンの位置は対応する。つまり、参加レーサーが「コース取りの争い」に積極的でなければ、枠番1のレーサーは最も内側のインコースレーンに入る。事前枠番もスタートレーン番号もデータに含まれている。したがって、事前の枠番よりも内側に入るレーサーは積極的であると言える。

重要な点は、無理に内側に割り込もうとして他のボートの走行を邪魔すると、反則になることだ。この場合、そのレーサーはいくら良い成績をあげていても、シーズン中に開催される年間グランプリなど高額レースへの参加権利を失う。[11] １６００人の頂点に立てる位置にいたレーサーでも、たった一度の反則で年間優勝者を決める舞台に立てないことになる。だが目の前のレースに勝つためには、「コース取りの争い」で積極的に内側に切り込む必要がある。

その一方で、無理な割り込みをすると、それまでの勝利が台無しである。積極的な性質と、反則しないテクニックや冷静さが求められるのである。主要な発見は次の通りである。

（1）「男女混合レース」では、女性よりも男性が勝つ確率が高い。

（2）女性だけで競走する「女性レース」に比べ、「男女混合レース」になると女性レーサーは「コース取りの争い」で消極的になる。

（3）男性レーサーと女性レーサーの間に反則確率の差はない。女性レーサーの反則確率は「女性レース」でも「男女混合レース」でも違いがない。

全体として、男性レーサーは積極的であるが反則はせずに、勝利する。女性レーサーは男性と争う場面になると消極的になり勝利を逃す。では、このような性差は生まれたときから備わった本性なのか、それともレース経験を重ねるうちに形成されたのであろうか？

上記の点について、現在までアリソンと追加的研究を行っている。ここでは、全レーサーのデビュー時点からのレース記録を収集し、レーサーの行動変化を検証中だ。これまでの発見では、男女とも新人の頃は消極的で勝利も少ない。経験を重ねるうちに積極的になり勝利数も多くなる。この点は、男女とも変わらない。興味深い点は、女性はデビュー時点で男よりも消極的であるが、経験を重ねると男よりも急速に積極的になる。「女性レース」では特にこの経験効果による積極性の上昇が顕著である。

しかし、「男女混合レース」では、女性の経験効果は男の経験効果よりも小さい。これらの事実を解釈する際には、次のような状況を想像すると良い。生まれたときから女性は男性よりも消極的で競争嫌いである。しかし、女子高に入学することにより、女同士の競争が激しくなり積極性が高まる。同じ人が共学高に入学しても、競争があるので積極性は高まるが、その積極性の変化は女子高に在籍したときほど大きくない。

これらの発見から、前節で紹介した、巨大ハンバーグの「リング」での女性の活躍が説明できる。おそらく、彼女は女子高の世界で競争することの意義を学んだはずである。そして、女性だけでパフェやケーキの大食いチャレンジなどをして実績を上げてきた。高い勝算があることを確信してから、「男女混合」の巨大ハンバーグの「リング」に上がることにした。女性の生まれつきの特性として持つ控えめな発言とは裏腹に、実績に裏打ちされた自信があったはずである。

ボーヴォワールの「人は女に生まれるのではない、女になるのだ」という主張はボートレース研究によって打ち砕かれたのだろうか？　どうやら、「人は女に生まれるのではない」とは言えない。社会とは切り離された、生物としての「女」の側面があるのだ。しかし、「女になるのだ」という主張は一定の説得力を持つ。女だけの世界に生きている場合「男みたいな女」になり、男女が混じった世界に生きると「女らしい女」になる。

Ｙ君は卒業後に勤め人になり、ハードな毎日を送っている。私は現在進行形でボートレースの研究を続けている。奥が深い世界で、研究対象としては「宝の山」である。疑問点が出てくると、今もＹ君の携帯電話に連絡をする。忙しいはずなのだが、丁寧に質問に答えてくれる。学生時代と同じように、明晰に正確な説明だ。２０１２年4月の「基礎演習Ｉ」ではじめてＹ君に出会ったときのことを思い出す。受講生が奇数でなかったら、ペアの余りがＹ君でなかったら、私がボートレース研究を始めることはなかった。「基礎演習Ｉ」の最終日に教室を去ろうとする私に、Ｙ君からかけられた言葉を鮮明に覚えている。「先生、皆で写真とりましょう」。偶然の学生との出会いによって、私の代表作が生まれた。「路傍の石」が、私の宝石になった。

女性は生まれつき数学が嫌い？　それとも数学嫌いになる？

「強くなければ生きていけない、優しくなければ生きていく資格がない」

レイモンド・チャンドラー作品に出てくるあまりにも有名なフレーズだ。名探偵フィリップ・マーロウはどこまでも男らしく、力強く、滲み出る優しさがある。１８８８年生まれのチャンドラーは大恐慌で生じた貧乏生活から逃れるため小説を書き始めた。１９３０年代から１９５０年代にかけて名作を残す。つまり、第二次世界大戦をはさんで活躍したのだ。世界が不安定になり、先行きがわからない動乱の時代に、強く生きる頑固な男を描いたのは、アメリカ社会に需要があったからだろう。そして、後に世のハードボイルド作家に多大な影響を与える。

冒頭のフレーズの前半部分は男として生きるための当たり前の条件である。重要な意味を持つのは、後半の「優しくなければ生きていく資格がない」という部分である。現実社会では、強い男はデリカシーがなく、独善的な者が多い。つまり、強いことだけが取り柄である。これは、本章で紹介した、男性はテストステロンが多いという事実からも、科学的に説明できる。経済学的に言えば、優しさを兼ね備えた「男」には希少性があり、その価値を高めるのだ。つまり、テストステロンが多い上に、オキシトシンを高める努力を自分に課す高潔さがある男。なかなか実現できない理想像である。そのために、チャンドラー作品の男の生き様は、世代を超えて輝き続けるのだ。

小説の文脈から切り離したときに、冒頭の名言はどのように映るだろう。少し言葉を補足してみよう。

「女は強くなければ生きていけない、優しくなければ生きていく資格がない」

言葉から受ける印象がかなり違う。前半部分の「強さ」は、積極性や攻撃性とは結びつかない。つまりテストステロンが作用する「強さ」とは異なる。連想するのは、本書の第2章で登場した明治時代の「おしん」や、昭和の肝っ玉母さんなどの粘り強さや忍耐力だろう。これは女性に一般に備わる性質というよりも、女性の価値を高める追加的な要素や性質に思える。これがなくても許されるような特性である。なぜならば、伝統的に「弱い女を守る、強い男」といった通念があるからだろう。

一方、後半の「優しくなければ生きていく資格がない」という言葉を現代女性にむけるならば、大きなプレッシャーを感じるだろう。とりわけ、子育てをしながらフルタイムで働く、現代の母親に対しては言葉の暴力になりかねない。伝統的な社会規範によれば、「子供を育てる優しい母」としての役割を担うのは女性なのだ。最低限の規範を守らなければ、生きる資格がないとされる。一方で、職場でも男性と同じように職務をこなすことが求められる。この狭間におかれるのが、働く母親なのだ。

同じフレーズでも、受け手の性別により大きく意味が変化する。これは、性別により果たす役割が違うという、社会に共有されたアイデンティティがあるからだ。アイデンティティは人々の経済行動に大きな影響を及ぼすだろう。ここに着目し、性別のアイデンティティを最初に経済学に導入したのは女性研究者のレイチェル・クラントンとノーベル経済学賞受賞者のジョージ・アカロフだ[12]。

標準的な経済学では個人の行動は、そこから得られる満足度や利益によって決まっていると想定する。あくまで、個人の好みなど利己的な動機に注目する。しかし、現実には個人が所属する社会の特性や価値観などの影響を受けない人はいないだろう。自分や他人がどうふるまうべきかについて、人々はどう考えているか？　これは重要な点である。社会は人々がどうふるまうべきかを人々にどう教えるのか？　さらに、そうした見方からどのように動機付けられるか？　このような問いから出発し、クラントンとアカロフは社会的文脈に応じて嗜好が変化し、意思決定がなされると主張するようになった。そこで、物理的条件が同じでも、性別に関する規範が、男女の行動の違いを生じさせることを示した。ここで本質的な問いが出てくる。規範は永遠に変化しないのだろうか？　例えば、経済的条件が変化することで、規範が変化するかもしれない。

　数学は男性が得意で、女性は苦手という社会通念がある。このような規範があると、実際に男子よりも女子生徒のほうが数学の成績が悪くなるだろう。では、経済学的な条件を変えると、この数学ができない女子というステレオタイプを打ち破ることはできるのだろうか。データ分析などの能力が求められる現代社会では、数学力を生かすことによってより高い所得を得ることができるだろう。

　しかし、女性が十分その能力を発揮できない状況では、数学力の高さが賃金に反映されない。数学を学ぶことの利益が小さいことを知っているならば、学校で女子が数学を学ぶ意欲は高まらず、男子よりも女子の数学の成績は低くなる。このメカニズムが働いているかどうかを明らかにするために、私は世界の中学生の数学の学力調査のデータを利用して統計分析をした[13]。

　利用したのは２０１２年にＯＥＣＤが実施したＰＩＳＡ学力調査のデータである。世界各国で15歳の生徒に対して、数学などの学力を調査している。ＰＩＳＡデータでは全体と

図4-1　女性賃金と女子生徒の数学得点の関係

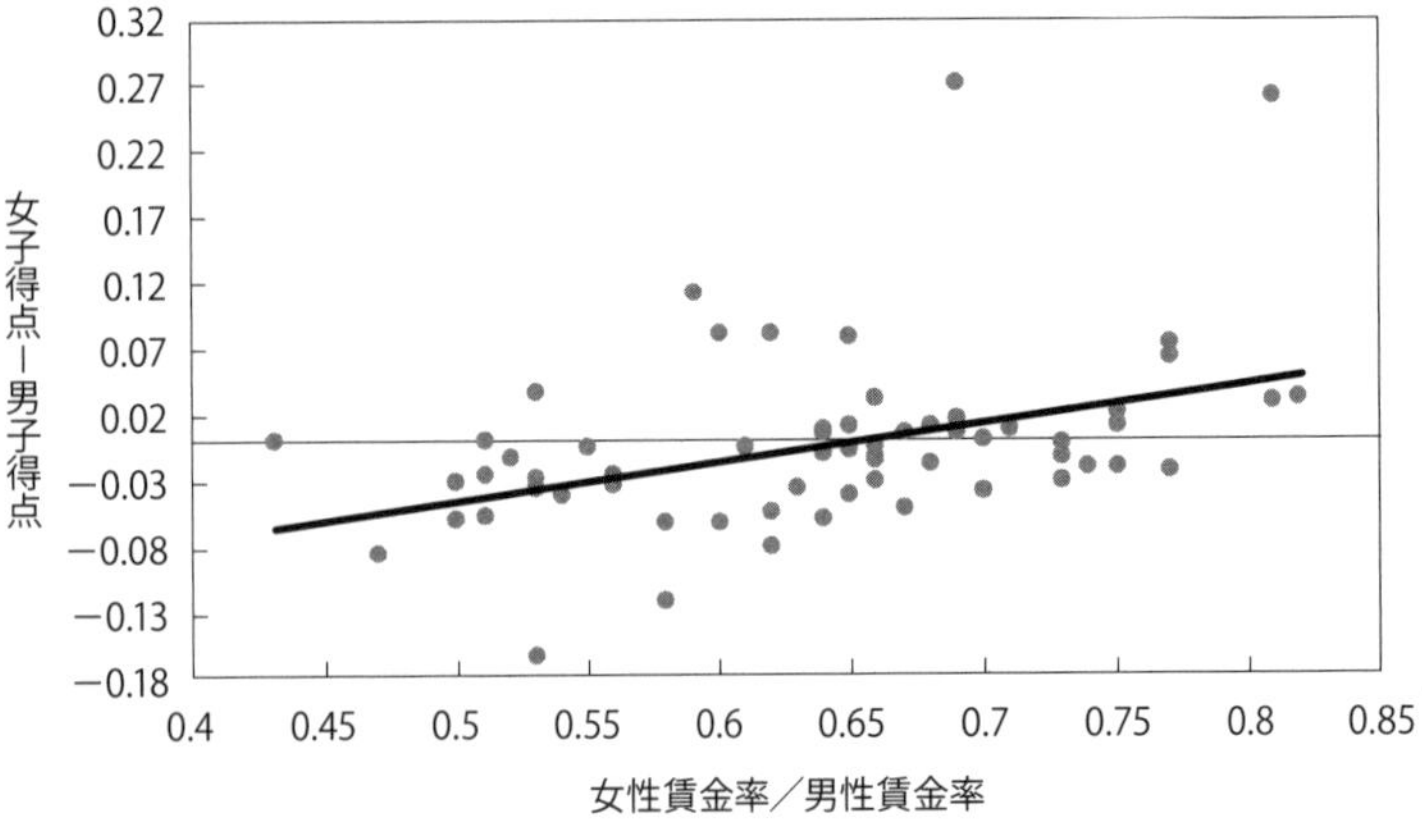

（出所）Yamamura［2019］.

して、女子の数学の得点は男子よりも低い傾向にある。さらに２０１１年の各国の男女賃金差のデータを、世界経済フォーラムによるグローバル・ジェンダー・ギャップ・レポートから収集した。全体で62カ国がデータに含まれる。

分析結果は図４-１にまとめられる。縦軸は各国の男女生徒の数学得点差である。数値が大きくなるほど、女子生徒の数学得点が高まる。横軸は相対的な女性賃金の大きさを表す。値が大きくなり、１に近づくほど女性賃金は男性賃金に近づいて、男女の賃金差は縮まる。図から明らかなように、社会における女性の賃金率が高くなるほど、学校での女子の数学得点が上昇する。つまり、数学を学ぶことから得られる経済的な利益が大きいほど、数学を学ぶヤル気が高まり、成績が上昇していくのである。

さらに、女子の賃金率が高い国ほど、女子の遅刻や欠席数が少なくなることも明らかになった。つまり、学校教育により経済的に豊かになるのであれば、学校へ行き学習する動機が高まるのである。データには発展途上国が含まれている。途上国では、子供を働かせて家計の足しにしようとする親も多い。女性への教育投資の経済的価値が高まれば、本人ばかりでなく、親の考え方も変わるだろう。娘が学校に行くことにより、将来の家計の足しになるのであれば、子供のうちから学校を欠席して働かせるよりも、学校で学習させることを選択するだろう。

社会に内在する規範は不変のものではない。経済状況の影響を受けつつ個々人の価値観や考え方は変化していく。そのうち、社会で共有される規範が変化し、学び方や働き方を変えていく。制度や政策を変えることによって、一夜で規範が変化することはなかろう。しかし、目に映る生活の変化によって、人々の人情も移り変わっていく。その変化は、気付かないほど緩慢かもしれないが、着実に思われる。遠い将来、孫の世代が大人になる頃、レイモンド・チャンドラーの名言をどのように受け止めるのだろうか？

男女雇用機会均等法によって、夫婦の身長格差はどうなる？

バブル景気にわいていた平成時代の幕開けの頃、「3高男」という言葉があった。女性にとって理想の結婚相手の男性像は、高学歴・高収入・高身長の3つの「高」によって表されるという意味である。バブル景気がはじけた後は、平均的年収、平凡な外見、平穏な性格を表す「3平男」が好まれる。景気の低迷が続き、平成末では、女性に対して威張らない「低姿勢」、家事や子育てを妻に依存しない「低依存」、堅実な仕事に就く「低リスク」を表す「3低男」が理想の結婚相手となっているようだ。

昭和生まれの「新人類」である私には「3高男」という言葉が馴染み深い。バブル最盛期の爽やか系の「3高男」の代表格として、人気ファッション・モデルだった阿部寛氏が思い浮かぶ。バブル景気の崩壊とともに阿部氏の人気は落ちたが、その後、クセのある俳優として復活し現在も活躍中だ。

理想の結婚相手の男性の変化を経済学的に考えてみよう。「3高男」から「3低男」への女性の好みの移り変わりは、結婚市場において女性から見た男への需要構造の変化と見なすことができる。ここで、身長に絞って、分析を深めてみよう。

まず、旧来の結婚市場の状況は次のようになる。「高身長男性」とは絶対的な身長の高さを示すものではない。あくまで、女性が自身の身長と比べたときの、男性の相対的な身長が重要である。さらに、男性からの視点からすると、「低身長女性」が好まれる。男女の価値観が一致することによって結婚は成立する。したがって、結婚市場においては、男性が女性よりも背が高いことが結婚の条件となる。低身長男性への好みの変化により、上記の結婚条件の変化が起きる。つまり、男女間の相対的な身長の差の価値が低下する。

例えば２０１５年に芥川賞を受賞した作家の羽田圭介氏は１９８５年生まれで、物心つく頃にはバブル景気は崩壊している。羽田氏はインタビューで好みの女性を、「背が高い女性」と表現している。このような価値観を持っている男性は「３高男」には少数派だっただろうが、「３低男」の現代では珍しくない可能性がある。また「３低男」の要素には、別に男性の身長は含まれていない。少なくとも、身長のことを気にする人は若い世代ほど少なくなっているように思える。

男女雇用機会均等法が日本で施行されたのは１９８６（昭和61）年である。これにより、法的に職場における男女の差別を禁止し、募集、採用、給与などの面で男女とも平等に扱うことが定められた。この年に、就職活動をする大学生は１９６４（昭和39）年生まれである。このような労働市場における女性の地位の変化は、結婚市場における女性に求めら

図4-2　女性身長の既婚者と未婚者の比較

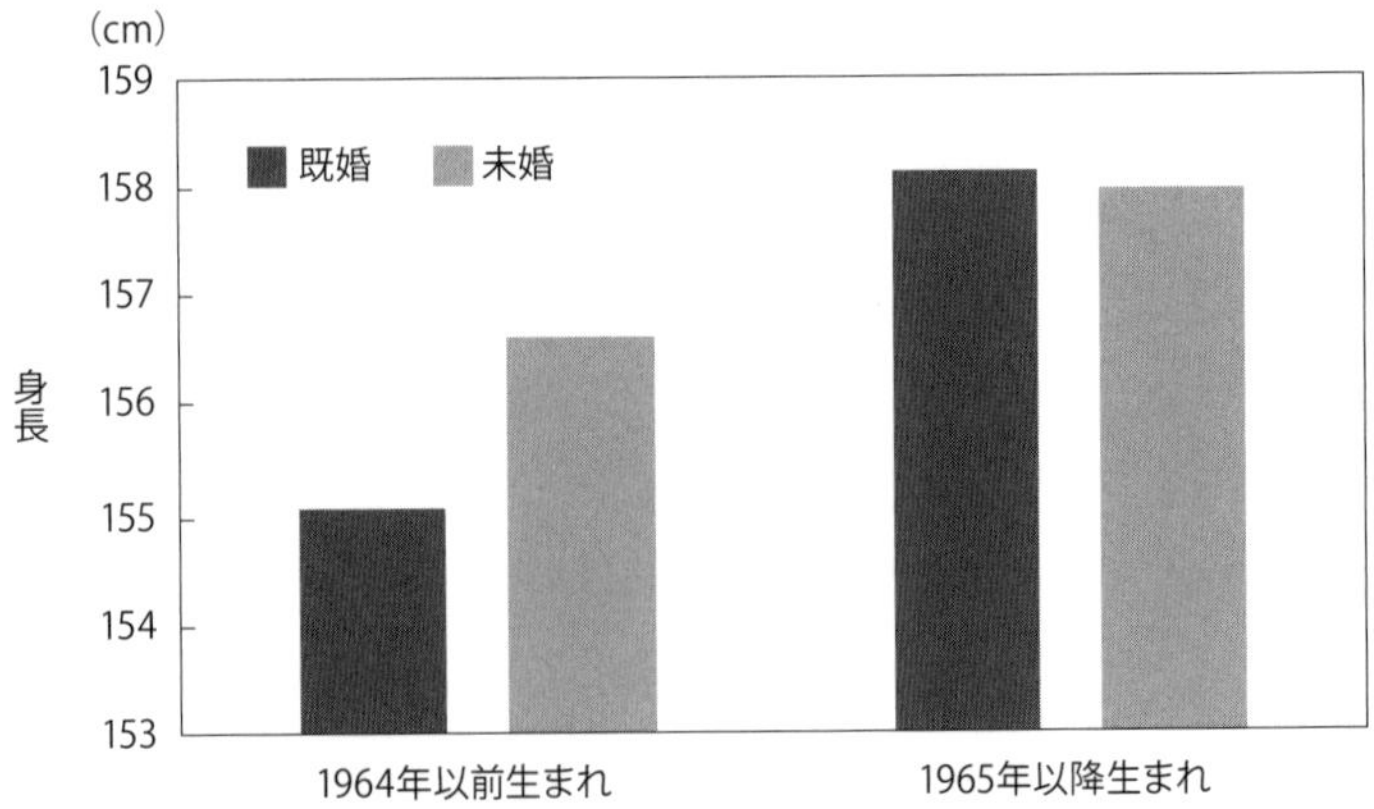

（出所）Yamamura and Tsutsui［2017b］.

れる属性にも影響を与えるであろう。

この点に注目し、私は共同研究で労働市場の制度的変化が、結婚の価値観に及ぼす影響を分析した[14]。生物的に男女には体格の違いがある。自然状態からして男性のほうが背は高い。したがって、身長差が結婚市場において意味がなくても、生物学的な要因により見かけ上、結婚したカップルでは男性は女性よりも身長が高い。結婚市場の価値観の変化を捉えるためには、同じ性別の中の既婚者と未婚者の身長の差を比べる必要がある。共同研究では、個人レベルの匿名データを用いた。データは生年、性別、身長および婚姻状態の情報を含んでおり、身長と婚姻状態の関係を検証可能である。

主要な結果は図4-2と図4-3に示される。

図4–3　既婚者の男女身長差から未婚者の男女身長差を引いた値

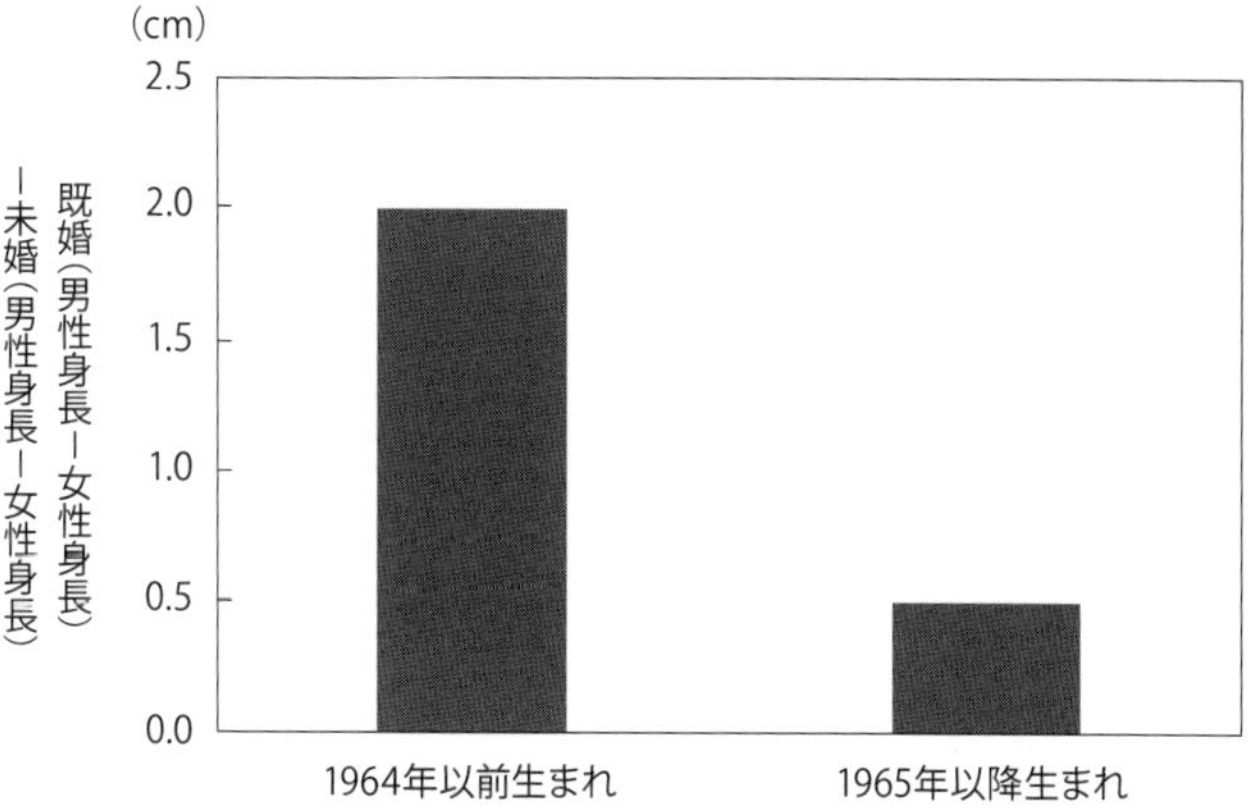

（出所）Yamamura and Tsutsui［2017b］.

図4－2は女性のサンプルに基づき、既婚者と未婚者の平均身長の差を示している。さらに、男女雇用機会均等法の制定前後でサンプルを分けることにより、労働市場の制度変化の効果を検証している。制度施行以前に就職活動をしているグループでは、既婚女性は未婚女性よりも平均身長が低い。しかし、制度施行以降のグループではわずかに既婚女性の平均身長が未婚女性よりも高くなっている。全体としては、古い世代は低身長女性のほうが結婚市場での需要が大きいため結婚する確率が高かった。それが、新しい世代では、女性の身長に価値がおかれなくなったことが見て取れる。

図4－3では女性だけでなく男性の身長も考慮に入れ、男性と女性の身長差を計測し相

対的な身長の価値を計測した。図には示していないが、既婚、未婚、旧世代、新世代いずれのグループでも男性の身長は女性の身長よりも高い。男性の平均身長から女性の平均身長を引いた差はすべて正の値となる。図４－３の左の棒は旧世代の、既婚グループの男女の平均身長差から未婚グループの男女平均身長差を引いた値である。この値は２センチとなっている。

　この意味は既婚者も未婚者も男性のほうが女性よりも平均身長が高いが、既婚者グループ内の男女の平均身長差は未婚者グループ内の差よりも２センチ大きいことを意味する。つまり、旧世代では男女の身長差が大きいほど結婚しやすいことを意味する。これが、新世代になると棒の高さは０・５センチになる。つまり、男女身長差が結婚に与える影響は旧世代の４分の１まで小さくなったことを意味する。以上の分析から、労働市場における男女差の解消は、結婚市場における身長の価値の低下に寄与していることがわかる。

　労働市場の制度の変化が、人々の異性への好みを変え、結婚時の意思決定や行動に表れることがわかる。「３高男」がもてはやされていた時代の制度変化は、長期的に「３高男」の価値を低下させることになったのである。つまり、制度やルールを変えると、「人情」に訴えかけることがわかる。

　阿部寛氏は背が高過ぎることにコンプレックスがあったそうだ。俳優に転身後も、背が高過ぎて役柄が限定され、爽やかな二枚目から脱皮することが難しかったという。女性が男性に求める価値観も変化し、高身長男性の価値も暴落したため、バブルの二枚目路線役の需要も激減したわけである。阿部氏は苦悩と模索の末に、「変わり者」路線に活路を見出し、俳優として独自の立ち位置を築いたのである。

阿部氏の半生は日本経済にも大きな示唆を与える。ジャパン・アズ・ナンバーワンとよばれた過去の成功の基盤となった経済構造。この昭和の経済構造からの転換が進まぬ日本は、高身長が意味を成さなくなった阿部氏の低迷時代に対応する。日本に必要なのは、新たな時代に独自の強みを持つ経済構造へ転換していくことである。新たな日本に進化するためのヒントは、阿部氏の生き方にあるのかもしれない。

［注］

（1）ヘックマン［2015］。
（2）Yamamura, Tsutsui, and Managi [2019].
（3）Byun & Oh [2018].
（4）ESGに関して、次の3つの質問を個別に行っている。それぞれの質問について、5（強く賛成）～1（強く反対）の5段階評価をしてもらい、その平均値をESGへの賛成度の変数とした。

1．企業は環境へ配慮して社会貢献すべきである。

2．企業は地域社会への取り組みを通して社会貢献すべきである。

3．企業はしっかりとした企業統治、そして経営の透明化をはかる必要がある。

（5）例えば、Fernandez, Fogli, and Olivetti [2004].

（6）ここの節は主に、ボネット［２０１８］の8章および9章を参考にした。

（7）経済学を学ぶ前から、私は経済学的な戦略の重要性に気が付いていたようだ。

（8）ボネット［２０１８］、8章。

（9）ボネット［２０１８］、9章、ニーズィー＆リスト［２０１４］2章。

（10）Booth and Yamamura [2018].

（11）高額レースに参加するためには、それまでのシーズンで好成績をあげ続ける必要がある。

（12）Akerlof and Kranton [2000].

（13）Yamamura [2019].

（14）Yamamura and Tsutsui [2017a].

第5章

専業主婦家庭で夫婦喧嘩が少ないと危険な理由

中華料理の達人は、家庭でも料理をすべきか？

我が家では食事時にいつもラジオを流している。ある日、投書コーナーで、専業主婦家庭での笑い話が紹介される。夫婦喧嘩が勃発した際の、やり取りである。

(夫)「誰のおかげで、メシを食っていけると思っているんだ！」

(妻)「私があなたにご飯を食べさせてるのよ！」

それぞれに筋が通っている。夫は自分が働いて稼いだ収入によって家族が生活できていることを比喩的に表現している。妻は夫の食事は自分が作っており、家事能力ゼロの夫は1人では生活できないと主張する。このような夫婦のすれ違いを「経済学者」は笑ってはいけない。「経済学者」と「経済学者以外の人」の間にも似たようなすれ違いがあるからだ。

ここで、私の記憶の扉を開けてみよう。

「さだまさし」というシンガーソングライターがいる。作詞も作曲も1人ですることが多い人だ。彼の代表曲に『関白宣言』がある。1979（昭和54）年に発売され、あっという間にヒット曲になった。歌の前半はやたらと強気で、だいたい次のような感じだ。

「お前と結婚する前に言っておくことがある。上手に料理を作って、いつも美しくあれ。黙って自分について来い」

後半では強気なだけでなく、一途な愛を歌っている。

「一生お前だけを愛していくよ。どうか自分より長生きしてほしい」

当時、小学生だった私は鮮明に覚えている。メロディや歌声は優しいので横暴な印象はない。当時の日本人男性のメンタリティからすると違和感なく、自然に受け入れられる内容だったと思う。今になって歌詞を見ると、モノローグでかなり自分勝手な主張をしていることが明らかだ。昭和ばかりか平成も幕を下ろした現在、昭和生まれの男以外にこのような時代錯誤の音楽を積極的に支持する人はいるのだろうか？　読者の皆さんいかがだろう？『関白宣言』のヒットから40年経過し、コミュニケーションを拒否する態度は非難の的になるかもしれない。現代の夫婦関係では、丁寧な会話をして、夫婦相互の理解を促す努力が大切になっているだろう。さて『関白宣言』の主張は間違っているのか、それとも正しいのか、経済分析してみよう。

生活するためには収入も必要、家事も必要である。例えば、妻がすべての家事を行い、夫が仕事に専念する。このような状態を夫婦間の「分業」とよぶ。普通の経済学者の考え方を見ておこう。ある経済学者が次のような質問を受けた場面を想定する。

「中華料理の達人は、家庭でも料理をすべきか？」

もちろん、料理人は妻より上手に料理を作ることができるので、「家族にも本格中華をふるまうと良い」と答えたくなる。しかし、大学1年生の「入門経済学」の定期試験で、このように答えると、ほぼ間違いなく「不可」となる。なぜかというと、妻の料理にお金を出して食べる客はいないが、家庭で食事をするためには十分である。一方、料理人は家で料理をしても収入は増えないが、店では料理を出すことと引き換えにお金を払ってくれるお客さんがいる。

つまり、答えは「毎日の収入をより大きくするためには分業して、夫は店だけで料理を作り、妻は家庭での料理を作るべし」となる。[1] 言い換えれば、料理人は家庭で料理を作っている暇があれば、稼ぐために店で料理を提供すべきなのだ。要するに、「さだまさし」の『関白宣言』は経済学的に考えて理にかなっている主張を展開している。

以上の分析に私は納得しない。少なくとも血の通った人間は、このように単純に分析できるわけではない。何がおかしいかと言えば、相手への愛情が金や周囲の人間によってのみ変化すると想定するところだ。相手への愛情は相手との関係性によって変化するだろう。分業することで確かに収入は増加するだろう。しかし、それと引き換えに「大切な何か」を失ってはいないのか？　これが、私流の「人情の経済学」からの問題提起だ。

例えば、夫婦が一緒に共同作業をすることで2人の間で信頼や共感が生まれることがあるだろう。人は身近に「共に笑って、共に泣く」存在が必要だ。乳幼児を抱えた母親は精神的なストレスや物理的家事労働の多さにより追い詰められる。とりわけ核家族化が進んだ現在において、親など血縁者の助けを借りることも難しい。この場合、夫が少しでも家事に参加し日常生活をサポートしてくれるなら、妻は大きな満足感を得ることができるだろう。妻の満足感が高まれば、夫も家庭生活が愉快になる。一方で、夫が家事参加する時間だけ収入が減少してしまう。夫の家事参加は夫婦にとって良いこともあれば悪いこともあるのだ。

私は共同研究で、独自に集めたデータに基づく統計分析によって、夫婦間の分業が夫婦喧嘩の頻度、結婚相手に対する満足感に及ぼす影響を分析した[2]。データは結婚予定がある人に対して、毎月パートナーへの評価と調査前の1カ月間のパートナーとの喧嘩の回数をきく。これを37カ月間続けて同じ人に対して追跡調査するので、結婚前と後のパートナーへの評価の変化がわかる。つまり、「ガール（ボーイ）フレンド」から「女房（亭主）」へと相手との関係が変化したときの、相手への評価の変化を検証できるわけである。

さらに、調査対象者およびそのパートナーの学歴も調べている。分析の前提を説明しておこう。夫婦の間の分業が生じる理由は、学歴などによって得られる収入に差が出るからだ。一般にも知られるように、学歴が高いと高収入の職につくことができる。さらに夫婦間の学歴差が大きい場合、つまり中学卒業と大学卒業のカップルの場合、高学歴のパートナーが職について稼ぎ、低学歴のパートナーが家事に専念するだろう。夫婦の間の学歴差がなければ、共働きを選択する確率が高いだろう。このような推測から、学歴差が大きいカップルは分業していると仮定する。

分析の枠組みは図5−1のように示される。分業しているカップルには、共同作業を通

図5-1　夫婦間の分業の直接効果と間接効果

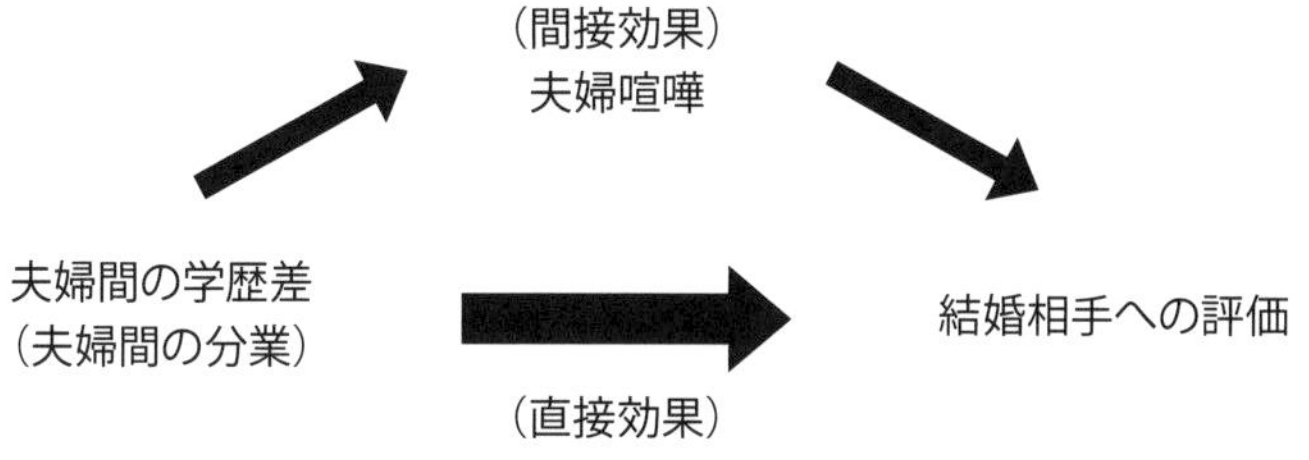

じた共感や信頼感が生まれにくい。そのために、相手に対する評価は低くなる。これは夫婦の分業の直接的な効果であり、図の中の下部の矢印に表現される。

一方で分業しているカップルの場合、日常生活で共に過ごす時間もなければ、家事の細かなやり方についての話し合いもない。両方が家事に参加するならば、意見の食い違いから夫婦喧嘩も発生しやすくなるだろう。喧嘩すると結婚相手の存在が不愉快になり、相手への評価も下がるだろう。したがって、夫婦の間で家事と仕事を完全にわけることにより、夫婦喧嘩の可能性が低下し、相手への評価も上昇する。収入も上がる。これは分業の間接効果であり、図の上部の２本の矢印により表される。分業の直接効果は相手への評価を下げ、間接効果は相手への評価を上げるのである。分業が全体としてどのような効果を持つかは、直接効果と間接効果の差し引きにより評価できる。

データに基づく推計から次の結果が得られる。

（結果1）結婚前に比べて、結婚後は分業するほど夫婦喧嘩の回数は減少する。

（結果2）夫婦喧嘩の回数が減少するほど、相手への評価は高くなる（間接効果）。

（結果3）結婚前に比べて、結婚後は分業するほど相手への評価は低くなる（直接効果）。

これらの結果は、図に示した分業の経路が存在することを意味する。間接効果と直接効果を比べた結果は次のようにまとめられる。

（結果4）直接効果は間接効果の約10倍も大きい！　したがって、分業することで相手への評価は低下する。

これらの分析結果から、次のような男の日常を描くことができる。仕事で深夜まで働き疲れ果てて帰宅する夫。家族はすでに寝入っている。リビングのテーブルの上には、夕食がおかれている。これを自分自身で電子レンジにセットしスイッチを押す。温め終了の音が部屋に鳴り響く。夕食を取り出し再度テーブルの指定席におく。椅子に座り、1人侘《わび》しく夕食を口に運ぶ。妻は専業主婦である。

結婚して1年ぐらいの間は夫の帰宅を待ち、互いに1日の出来事などを話題にしつつ遅い食事を共にしていた。帰宅後に1人で食するようになったのが、いつからか思い出せない。特に言い争いがあったわけではない。部屋の静寂が耐えられないので、テレビをつける。夫婦の会話がほとんどないことに気付く。妻との間に、わずかに隙間風が吹いていることを感じている。そのことを、妻に打ち明けたことはない。打ち明ける時間も勇気もわかない。わき目も振らず働いて、十分な所得を家計にもたらしているはずだ。なぜこうなったのだろう？　妻にとって自分は単なる金を稼ぐマシーンに過ぎないのだろうか？

これは男性読者の皆さんの生活実感をうまく説明しているだろうか？　妻側から見た男の姿を描きたいのだが、今の私の筆力では難しい。それを書くことができれば、今よりも良い研究ができるはずだ。

私の研究の分析結果からすると、専業主婦家庭は物資的に豊かにはなるが、幸福をもたらさない。それは妻と共有する時間を犠牲にして得る収入では埋め合わすことができない「小さな幸せ」があるからだろう。しかし、形式的な専業主婦だと不幸になるとも言い切れない。真野裕吉氏と私の共同研究から、教育水準の高い妻ほど専業主婦として夫の肉体的、精神的コンディションを整え、さらに助言や励ましの言葉をかけることで夫の所得水準を上げることがわかった。[3] この場合、専業主婦の妻も夫と一体となって働いていることと同じである。

したがって、見かけ上の専業主婦か否かよりも、相互にコミュニケーションをとり夫婦一体で生活を送ることが重要なのである。つまり、「共に泣き、共に笑える」関係をいかに作り上げ、維持するかが夫婦にとって重要なのだ。

さて、最初の「中華料理の達人」に関する質問への私の回答を示しておく。

「そうですね。一緒に料理などの家事をすることで、喧嘩はするけれど『雨降って地固まる』ことになるでしょうね。少し効率性（収入）は低下するかもしれないけれど、一緒に泣き笑いの毎日を送ることが大切です。物質消費以外の『夫婦愛』によって、あなたも夫も幸福になります。人はパンのみによって生きていけるわけではないからです」。

なぜ人は結婚するのか？

“A Perfect Marriage”という小説が、２０１８年の春先にオーストラリアで刊行された。アリソン・ブースという同国のベストセラー作家の新作だ。彼女はフルタイムの仕事を持っていて、主に休日などに集中的に書く「日曜作家」。インタビューでは、子供は成人し家から出ているし、夫も休日は仕事をしているので、時間が取れると答えている。平日の仕事から逃避する意味もあるという。

私が2018年の5月に、アリソンに電子メールでボートレース労働市場についての推計で新しい発見があったことを伝え、共同研究を継続するよう提案した。私の提案に同意するが、10月まで時間が取れないとの返信があった。私の送った電子メールの前の週に、「新作」を発表したので、いろいろと忙しいらしい。冒頭の“A Perfect Marriage”がこの「新作」で、アリソン・ブースは私の共同研究者アリソンだ。アリソンはイギリスで博士号を取得した後も、20年以上イギリスのエセックス大学教授を務めつつ、ヨーロッパ労働経済学会の会長や、その学会誌の編集長を歴任した。現在は故郷のオーストラリアに戻り、オーストラリア国立大学の教授である。[4]

彼女は経済学とは全く無関係の叙情的で美しい小説を書く。他の小説はオーストラリアの中の架空の街の過去を舞台にしたり、主人公の記憶の中にある小学生時代の出来事を描いたり、大概は「時間軸」が重要な要素になっている。小説のリアリティを高めるために、気になる場所に取材に行き、昔の新聞や資料などを集めるなどの準備もする。ペンネームは使わないが、小説の読者はアリソン・ブースが経済学者としての顔を持つことに気がつかないかもしれない。

経済学者としてのアリソンは今も査読付学術誌に論文を発表し続ける「現役」研究者である。アリソンと最初に共同で論文を執筆したときのことだ。[5] 執筆した論文の初稿の中に、研究への示唆を得たことについて、ティム・ハットンへの謝辞が加えられていた。まだ、研究会や学会などでは報告していないはずである。調べてみるとティム・ハットンは数量経済史の大家だ。なぜ現代の日本のボートレースの実証研究に興味を持つか、不思議に思った。電子メールでアリソンにきいてみると、ティムは彼女の夫だという。多くの場合は夫婦で経済学者ならば、共同研究の成果がいくつかあるものだ。これまで、アリソン&ティム夫婦は、共同論文も共著もない。しかし、アリソンの論文をチェックすると大概の場合、謝辞の中にティムの名が入っているのだ。以上は客観的な事実だ。

　プライベートに関わる話は詮索しないほうが良いので、アリソンには夫婦の日常や研究上の関わりは質問していない。あくまで私の推測だが、家の中で、互いの研究の話をするのだろう。互いに感想を伝えあう。しかし、正式な仕事仲間にはならない。研究以外の場面、例えば、アリソンが小説を書くためにオーストラリアの地域史の知識が必要になったときには、ティムが基本知識を伝授し、史料の集め方や、史料の収蔵機関などについても、専門知識に基づいてアドバイスしていると思う。アリソンがティムに対してアドバイスする場面もあるはずだ。これが、長年の夫婦関係の中で培ったアリソン&ティム夫婦の流儀なのだろう。仕事と家庭、経済学と小説、これらの間を往復しながら、女性労働や家族経済を考えているのがアリソンなのだ。

結婚を経済学的に考えてみよう。まずは、結婚する人の頭の中を探検してみる。

結婚する予定の人に次のような質問をする。

質問「なぜ、あなたは結婚するの？」

回答は、

（回答1）「相手の人が好きだから」

あるいは、

（回答2）「親などに見合いをすすめられるから」

（回答3）「周囲の友だちが結婚しているから」

こんな本音もあるだろう。

（回答4）「相手が資産家だから」

（回答5）「相手の収入が高いから」

回答の4～5はいかにも経済学的な視点から、結婚を考えているように思える。要するに、金持ちだと物質的に豊かな生活を送ることができるからだ。1は相手の存在そのものを消費すると考える。2は親に依存した生活をしている場合、親の意向を反映せざるを得ない。3は仲間効果とよばれるもので、周囲の人々の影響を受けて意思決定をすることを説明する。衣服などのファッションは仲間効果によって説明がつく。

世の中の夫婦がアリソンやティムのように長年にわたって良好な関係を維持できるわけではない。次に、結婚していたが離婚する予定の人にきいてみる。

質問「なんで、離婚するのですか？」

結婚の理由に対応させるならば、次の回答が得られるだろう。

（回答1）「相手が嫌になったから」
（回答2）「親などから、別れたほうが良いと言われたから」
（回答3）「周囲の友だちが離婚しているから」
（回答4）「相手の資産が大幅に少なくなったから」
（回答5）「相手の収入が低くなったから」

結婚するときよりも、離婚の意思決定は複雑である。経済学での想定は、人は遠い将来まで計算に入れて目の前の判断をする。このような意味で、人は合理的だと考えて、いろいろな分析をする。なので、最終的に離婚すると予測するならば、最初から結婚などしないはずである。あるいは、将来の離婚を織り込み済みで結婚するはず。次第にきな臭い話になってくる。推理小説の舞台設定のような話である。しかし、離婚する大半の人は、離婚を前提として戦略的に結婚をするとは思えない。読者はどのように考えるのだろうか？

というわけで大半の場合、結婚のときに予想していなかったが、なぜか別れることになってしまった。おそらく、夫や妻に対して、

「何で、こんな相手を選んでしまったのか！　私（俺）がバカだった……」
と反省する人も多いことだろう。では、離婚する人は経済学者が考えるような合理性を持たないのだろうか？　実は、違う。合理的な人間でも離婚することがあり得る。なぜだろうか？

多くの経済学者は、人々の好みは変わらないことにしている。ラーメン好きの人が、ラーメン嫌いになることはある。一見好みが変わったように思えるが、収入が上がるとラーメンよりもお洒落な食事をする余裕ができるようになり、相対的にラーメン嫌いになることがある。これは、好みは変わっていないけれど、経済状態が変わったからラーメンを食べなくなることを意味する。あるいは、ラーメンを食べ過ぎて飽きた場合。経済学は、飽きてしまうことも考慮して人々の好みを考える。つまり、あるものの消費が増えると満足度が低くなることは、好みが変化するとは考えない。

では、結婚相手の場合はどうだろう？　好きだった相手に、嫌気がさすのは、状況が変化したからであって相手への好みは変化しないと考えられる。つまり、回答4と5は、昔ながらの経済学で説明できる。回答2や3は、本人の意思決定は周囲の人の影響を受けると考えられる。

しかし、以上のような標準的な経済学では、見過ごされてきた要素も多い。経済状態や周囲の人々の影響以外にも、好きだった結婚相手を嫌いになり、別れることもあるだろう。この変化を分析するのが「人情経済学」である。

喫煙者は自分の子供を見て何を思う？

第1章で、クイーンの映画「ボヘミアン・ラプソディ」が社会現象になるほどヒットしたことを話題にした。映画でも何でも、大概の商品は消費するほど次第に飽きてくるものだ。経済学の入門者向けの教科書の冒頭で大概この法則が説明される。映画の場合、ときが過ぎるのを待てば、ネットなどを通じて大幅に安い価格で映画を楽しめる。待ちきれないほど好きな映画も1度観たら、それで十分だろう。2度目を観るくらいなら他の面白そうな映画を観たり、他の楽しみに「お金」と時間を使うほうがいい。

映画の場合、ストーリーを知ってしまうと劇場に足を運ぶ動機を失ってしまうかもしれない。なので、劇場公開される前の宣伝映像では、思わせぶりな場面を見せつつも、一番美味しい部分は隠しておく。観た人がネット上で親切に品評する場合も、美味しいところに言及する際には、丁寧にネタバレだと冒頭に示してある。

このように考えると多くの人は映画を消費するというよりも、その中のストーリーを消費しているのだ。しかし、クイーンの映画は全く違う。1回や2回ではなく、5回も6回も観ている人も珍しくない。テレビで紹介されていたクイーン好きが集まるバーでは、10回以上観たという人が何人も登場した。同じバーで「3回しか」観ていないと告白した人は、申し訳なさそうに小さくなっていた。明らかに入門者向け教科書では説明できない現象だ。

実はクイーンの映画のような商品は他にも存在する。さらに、この特殊なケースを説明する経済理論もある。それは、タバコのような中毒を引き起こす嗜好品だ。経済理論では「中毒財」と定義され、消費すればするほど欲しくなる財として定式化されている。[6]

一度、中毒になるとなかなか抜け出せなくなることは、読者の周囲にいる喫煙者の行動を観察するなら明らかだ。中毒症状になることを悪と考えるか否かは、経済学者で意見が分かれるところだ。私は映画が中毒財であることを明らかにしたことがある。[7] 実は私は軽度のクイーン中毒になりかけている。映画館で私は感動したし、幸せになった。何も悪いことはないだろう。しかし、タバコは嫌いだし、学生が吸っていると止めるように促す。それには、2つ理由がある。

（1）本人の健康状態に有害だし寿命を縮めることは科学的に証明されている。

（2）喫煙しているときに発生し周囲へ広がる副流煙は、喫煙者本人が吸う主流煙の3倍くらい有害だからだ。

（1）については、本人が良ければ問題ないという経済学者もいるし、問題ありと考える経済学者もいる。私は後者だ。喫煙者本人の中で完結する問題ではないからだ。長期喫煙者はあらゆる疾病に罹る確率が60歳台以降飛躍的に上昇する。そのために医療費がかかり、社会保障費への政府支出が増大する。未来を見据えた長期的視点に立てば、現在の子供達にしわ寄せが来るのだ。

（2）の点を真っ向から否定する経済学者にはお目にかかったことはない。

ここまで考えると、経済学的に定義する「中毒財」が悪いのではないことがわかる。タバコから発生する周囲や社会への害が問題なのだ[8]。一方、クイーンの映画はタバコとは真逆の特性がある[9]。例えば、観た人は周囲に映画の素晴らしさを伝え、一緒に映画館に行くように誘う。そして、一緒に映画を観ることで、喜びは2人バラバラに観るよりも大きくなる。共に映画館でクイーン映画を観ることにより、クイーンを観る幸福は2人足し算したものより大きくなるのだ。

以前私が行った研究結果によれば、人と人の繋がりがあるほど、映画館に行って映画を鑑賞する人が増加している[10]。映画そのものが親しい人と一緒に楽しむと喜びが大きくなる特質がある。しかし、その効果は非常に弱いので、経済学の基本法則によって需要パターンが説明できるのだ。しかし、「ボヘミアン・ラプソディ」は、一緒に楽しむことの効果が非常に大きいので多くの人とともに映画館で鑑賞することになる。その理由は「ボヘミアン・ラプソディ」のラストシーンのライブエイド・コンサートを観れば、一目瞭然だ。そもそも、クイーンの楽曲自体が、共に歌い参加することによって共感が生まれ、幸せを共有できる性質があるからだ。

ここから先は、タバコの消費行動について考えてみよう。私はもう1つの代表的「中毒財」であるアルコールとタバコの関係を分析したことがある[11]。昭和の時代に酒場では、皆当たり前に酒を飲みつつタバコを吸っていた。禁煙や分煙が進んだ現在でも、酒場は喫煙者のオアシスであろう。人目を気にせずに、タバコを吸うことができる空間は非常に限られているからだ。つまり、アルコールとタバコは、ザル蕎麦と汁の関係のように切っても切り離せない関係であり、1セットのように考えることができるだろう[12]。

同じ中毒財でも、アルコールとタバコには大きな違いがある。アルコールは適度に飲むならば、本人も周囲にも迷惑をかけることはない。しかし、アルコールを飲むときにタバコも吸うなら、結局迷惑をかけることになる。アルコールとタバコを切り離すことができればの良いのだ。そこで、居住地域の人間関係が緊密である場合、他者に迷惑をかけないようにする心理が働き、アルコールを飲んでもタバコは吸わない人が多いと予測した。データを用いた推計結果により、この予測は正しいことがわかった。つまり、中毒財の消費を減らすためには、周囲との人間関係が鍵になると言える。

他者との関係と言っても、関わりあい方の濃淡がある。より身近でタバコの被害を受けるのは誰だろう？　それは一緒に暮らす家族である。そこで、共同研究者と共に、個人レベルのデータを使って、同居家族の存在が喫煙行動に及ぼす影響を分析することにした[13]。独自に結婚予定の同一人物に対して、毎月の調査を3年間続けて合計37回行った。質問を工夫することにより、同一人物に対して、結婚前の状況、そして結婚後の状況、さらに対象者が男性である場合は妻の妊娠期の状況（対象者が女性の場合は本人）、さらに出産後の状況を追跡することができる。また、各調査時点における飲酒および喫煙行動の状況もわかる。分析の結果次のことが明らかになった。

（結果1）本人や配偶者の妊娠や出産後にはそれ以前に比べて、アルコールやタバコの消費量が男性も女性も減少する。

この結果はあくまで全体の回答者の平均的な傾向である。したがって、消費量が減ったのは、完全に止める人が多いのか、それとも止めはしないが消費を控えめにしたのかはわからない。この点を解明するために、さらに詳細な分析を行い、次のことがわかった。

（結果2）妊娠や出産により女性はアルコールを止めるようになるが、男性は断酒には至らない。

（結果3）結婚、妊娠や出産のいずれも、女性が完全にタバコを止める確率を高めた。一方、結婚および出産は、男性が完全にタバコを止める確率を高めた[14]。

以上の結果から、身近に配偶者を持つことや子供を持つことによって、男女とも家族に害が及ぶのを避けようと行動していることがわかる。さらに興味深いことは、一般にアルコールは、他人には害にならないが、妊婦の場合は胎内の子供に悪影響が出る。さらに、授乳など乳幼児を育てる時間は母親が長い。飲酒することによる対処の誤りが、乳幼児の生死に関わることもある。このリスクを避けるため母親は出産後もアルコールを口にしない。男性の場合は、アルコールが家族に及ぼす害は小さいので、飲酒量を減少させるのにとどまる。一方、喫煙が家族に及ぼす害は非常に大きいので、男女とも家族のために禁煙するようになる。

少年時代の母親の働き方が、男性の妻選びを決める？

平成初頭のバブル景気が終わった１９９２年の第９回新語・流行語大賞の中の流行語部門・金賞の言葉に「冬彦さん」が選ばれた。「ずっとあなたが好きだった」という「トレンディ・ドラマ」の中で、極端なマザコン男として登場したのが「冬彦さん」だったのだ。このドラマはその年の高視聴率を記録し、マザコン男を演じた佐野史郎は一気に人気俳優となった。「冬彦さん」は、フィクションの中に登場した特異な人物であり、マザコンを一般化することはできない。しかしながら、現実社会のあなたの周辺にも「冬彦さん」の特徴を薄めたような人物は存在しているのではないだろうか。そうでなければ、「冬彦さん」が社会現象になることはなかっただろう。

経済学では、「マザコン」がどの程度、世の中で一般化できるのかを明らかにした研究が存在する。[15] ただし、その影響はテレビドラマで戯画化されたようなものではない。母親の特徴に注意を払う必要がある。その影響が望ましい効果を持つことも、望ましくない効果を持つこともあり得る。第４章で男女雇用機会均等法が結婚相手への好みを変えたことを紹介した。ここでは、母親の働き方に注目して、その息子の結婚相手の好みへの影響を観察してみよう。

第4章の冒頭で紹介したラケル・フェルナンデスは共同研究者と共に、アメリカにおいて働いている母親に育てられた男は、成長後に働く女性と結婚することを明らかにした。[16]働く母に育てられた男性は、女性が働くことに肯定的な考えを持つと同時に母親のように働く女性を愛し伴侶に選ぶのである。

日本のデータを用いた分析では次のことが明らかになった。[17]働く母親に育てられた男性は成人後に、「男性が働き女性は専業主婦になるべき」という夫婦間の分業に否定的な価値観を持つ。さらに、彼らは働く母親に育てられることが子供の成長に悪影響を与えるという考え方にも賛同しない。私が行った共同研究によると、日本の新婚家庭では働く母親に育てられた男性は結婚後の家事分担に積極的であり、結婚から時間が経過するほど家事への参加時間が増加していくことがわかった。[18]このように、幼少期の母親の就業状態は、男の女性労働に対する価値観を形成しその行動にも影響を与えるのである。

本章で既に考察したように働く男性と専業主婦に分かれて分業することは、結婚の満足度を低下させる。さらに、働く母親は子供に、新たな時代に適応する価値観を芽生えさせる効果がある。このように、異性間の相互作用によって、価値観に関する性差は小さくなっていく。[19] 重要なのは「共に泣き、共に笑う」関係を、異性間で培い相互理解を促すことではないだろうか。

さらに「専業主婦」という存在自体、伝統的であるかどうかも疑わしい。農耕社会では家族全員で共同作業することによって収穫物を得ていたはずである。近代から現代への産業構造の変化と経済発展に伴い「専業主婦」が誕生したと考えられる。

働く母に育てられた男性は、妻の労働参加などを支持する。このような男性が増加することで、職場における多様な働き方が許容される可能性がある。視野が広く柔軟な考え方を持つ男性が増加することで、労働市場の流動化が促進されるかもしれない。母親が息子に与える効果は、新たな時代に求められる社会を構築するために有用であろう。そう考えると、「マザコン」に込められた否定的なニュアンスは消えていくのかもしれない。あるいは、「マザコン」よりももっと洒落た表現方法はないだろうか？　私が考えるよりも良いアイディアを持っている人がいるはずだ。読者からの提案を待ちたい。

娘が生まれると、男親は生まれ変わるのか？

保守的な考え方を持つ頑固親父が、娘が生まれると人が変わったように優しくなり、女性の立場を尊重する考え方を持つようになる。またワイルドで男っぽさを売物にした経済学者は、娘を持つと娘に似合うスカートやワンピースなどの服の選定を一緒に楽しむ少女趣味（girly）経済学者に変身した。[20] 作り話のような話に思えるが、近年娘の存在が父親の価値観や行動に大きな影響を持つという証拠がデータ分析によって明らかにされている。[21]

　また、娘を持つことによって女性に特徴的に観察される向社会的な価値観を持つようになるか否かが注目を集めている。もしも、男性が娘を持つことで第4章で紹介したような女性的価値観を持つようになるとすれば、「男性は男性として生まれるが、娘が生まれることで女性が持つような社会性を持つ」と言えるかもしれない。第4章では女性はＥＳＧ投資（ＥＳＧに配慮した企業に対する投資）を好むことを示した。さらに、小学生のときに女性の担任教師に教えられた男性は成人後にＥＳＧ投資を好むようになることも明らかにした。では、すでに成人になった男性は娘の父になることによってＥＳＧ投資に積極的になるのだろうか？　この疑問について、答えを示してくれる研究がある。[22]

　この研究では一般人の主観的な価値観ではなく、大手アメリカ企業のＥＳＧの投資額の変化を検証している。したがって、非常に客観的に数量化されたデータである。経営者の経営方針によってＥＳＧ投資は変化するであろう。特に注目したのが、経営者の家族構成の変化である。結婚、出産、子供の存在などによって、経営者は考え方を変えるのであろうか？　とりわけ、娘が誕生することによって、経営者の価値観が変化し、それがＥＳＧ投資の増加に結びつくのか？　この問いに答えるために、アメリカの経営者の経歴や身辺に起こった出来事を、インターネット、新聞、雑誌などありとあらゆる情報をかき集めて、それぞれの経営者の娘の誕生時期を特定化した。

以上の経営者の家族形態の変化データと、経営する企業のＥＳＧ投資の変化データを接合して独自データが作られた。このデータを用いて、娘の存在が父親の経営する企業のＥＳＧ投資に影響するか否かを分析している。実証分析の結果から、次のことが明らかになった。

（結果１）娘を持たない経営者が経営する企業に比べて、娘を持った経営者が経営する企業は約９％ＥＳＧ投資額が増加する。

（結果２）息子を持った経営者が経営する企業と他の企業のＥＳＧ投資額の差はない。

女性経営者が経営する企業は、男性経営者が経営する企業よりもＥＳＧ投資額は非常に大きい。この経営者自身の性差効果の大きさの約３割が、娘が男性経営者に及ぼすＥＳＧ投資額の増加分と等しくなる。つまり、男性経営者が娘を持つことにより、ＥＳＧに対する性別による価値観の差を3割程度小さくする。娘の誕生により男性経営者の投資への意思決定が、女性経営者のものに近づいていくのである。

娘の存在は父親の一部になり、父親の経営判断にまで影響するようになる。おまけに私が第4章やこの節の研究分野に手を染めるようになったのは娘が生まれてからである。私の非公式のフィールド調査からわかったのは、成人した息子と娘の両方を持つ父親は、息子の話題のときには表情の変化はない、一方で娘の話題をするときに相好《そうごう》を崩す。そのときの目じりのしわの数から、明らかに体内の愛情ホルモン（オキシトシン）の値が、娘の話題の時だけ上昇していることがわかる。しかも、サンプルは全員60歳以上の経済学世界の重鎮の方々である。

アメリカのとある名門大学の日本人教授は、娘の存在から大きな影響を受けたと明言していた[23]。一般社会からは、血も涙もないように思われている経済学者も、一般の社会人と同じ特性を持つのだ。

孫が生まれると、祖父母はどう変わる？

広島の尾道に住む老夫婦が東京に住む成人後の子供に会いに行く。しかし、久しぶりに会う子供達は、なぜかそっけない。戦争でこの世を去った息子の嫁（原節子）だけが、老夫婦を温かく迎える。居場所のない老夫婦は、予定を短縮し尾道に帰る。長旅の疲れのためか、妻は急逝する。子供達は故郷に集まるが、葬儀が終わるとそっけなく都会へ戻っていく。一人残された父（笠智衆）は、静かな尾道の海を眺めるのだった。小津安二郎の代表作「東京物語」はこのようなストーリーである。

この中で小津は、地方における家族共同体の解体と、都市における個人的自由と経済発展を対置している。１９５３（昭和28）年に公開された「東京物語」の背景には、当時の急速に進んでいた地方から都市への人口移動がある。農業など一次産業から、二次、三次産業へ産業構造の転換が進む中、職を求めに都会に人が集まったのだ。好むと好まざるとにかかわらず、地方の若者は共同体や家族の人間関係のしがらみから離れ、都会での経済的豊かさを追求する。自然の成り行きとして、家族の解体が進む。

「東京物語」に描かれているのは、この状況に直面する登場人物がとる全く異なる態度である。この態度の違いは、世代間の感性の違いに起因している。明らかに、小津は老夫婦の視点から戦後日本の家族の解体を見ている。そこには、批判的な主張はない。ただ、変わりゆく社会への諦念と、消えゆく家族の温もりの余韻だけが残る。

社会の新陳代謝により、新しい未来が待っている。共同体や家族のしがらみから離れ、近代的自我を持つ個人が自由に選択と意思決定できる社会である。第3章で触れたように、共同体から市場経済への進化により、人々は物質的豊かさと個人の尊厳を得ることができる。これは望ましい変化である。

高度経済成長期は、今日よりも明日、現在よりも未来に希望を持つことが容易だった。これを肯定しつつも、そこはかとない寂寥感《せきりょうかん》もどこかに残る。「東京物語」の諦念や寂寥感は、エネルギーあふれる経済成長の始まりを共有しているからこそ美しい。経済学が教えることは、何かを得るためには、何かを失うということである。現在でも「東京物語」が不朽の名作であるのは、その後の高度経済成長の実現と引き換えに、失われていく「家族の温もり」、「故郷の姿」が描かれているからである。

平成が終わりを迎え、令和に入る変わり目に生きる私達は、何を失い、その引き換えに何を得るのだろうか？　経済成長に関する理論では、定常状態という概念がある。急速な成長期を終えると、成長は鈍化していき、最終的にはそれ以上成長することはない状態に達する。これが定常状態である。人間も10代には急速に背が伸びるが、20代に入るとほとんど伸びない。さらに、30歳を超えると、成長は完全に止まる。かなり努力をしない限り、高齢期には身長が縮んでいく。

経済成長も人間の身長成長と同じである。少子高齢化が進行する成熟社会においてできることは、経済が縮小することを食い止めるのがやっとである。景気刺激策は短期的効果しかない。長期的な変化をもたらすことはないのである。この事実を直視することが大切である。目を背け続けても、いつかは目の前に現実が現れる。これは第3章で紹介した「カズオ・イシグロ」の小説によって描かれる世界である。「カズオ・イシグロ」は最先端の経済問題を熟知している。そして一部の「経済学者」よりも格段に誠実だ。

では、日本の社会は老いて朽ちていくばかりなのか？　1人の人間が老いても、その子供が存在する限り死すことはない。子供の存在に未来を託すことで、社会は維持されていくことであろう。私は哲学者でも社会学者でもない。抽象論はさておき、ここでは社会の持続性に関して、私が進めている具体的な実証分析を紹介する。

世代を超えた問題として重要なものとして財政問題がある。第3章で論じたように、消費税を増税しない限り将来世代に多大な負担が生じる。親の借金を子供が背負うということである。親と子のように直接的で目に見える場合と違い、現在世代から将来世代という抽象的な関係の間に政府が介在しているので、問題を実感しにくい。しかし、その場しのぎの景気対策がいつまでも続かないことに気がついている。自分が生きている間は、経済破綻しなければ良い。合理的な人間ならば、このように考えるであろう。

しかし、自身に将来世代に辛苦を味わうことになる孫がいると、どのように考えるだろう？　孫に苦労させたくない、そして幸せになってほしいという「人情」が働くのではなかろうか。この推論が正しければ、孫を持つ人は、同世代の孫を持たない人よりも、消費増税を受け入れるはずである。独自にデータを集めて行った統計分析の、暫定的な結果は、この推論が正しいことを示している。

さらに、もう1点興味深い発見がある。負担を回避しつつ、利益を得たいと考える。なるべく負担を先送りし、自分が生きている間には負担の必要がないようにしたい。そのために、税金を今払うのではなく、将来誰かが負担する。これは自然な心の働きであり、人情の一種である。年齢が高い人は、消費税増税に反対するだろう。だが分析の結果はこれと真逆になる。つまり、高齢者ほど消費税増税に肯定的になるのだ。死が近づくほど、人生の意味や日本の未来のことを意識するようになるのかもしれない。例えば、自身を育んできた社会への「恩義」に対して「義理」を果たすという時間軸を、人は持つのかもしれない。

経済学の祖であるアダム・スミスも近代経済学の父であるアルフレッド・マーシャルも、道徳哲学から経済学へ射程を広げた。生きることの意味を問いかける。いかに生きるべきか？　人生を意義深くするものは何か？　思春期などに直面する哲学的な問いは、経済学の根本に横たわっている。現代の経済学のフロンティアにあるものは、思春期の視野に入らない広義で長期的な「義理と人情」である。

［注］

（1）興味のある方は、西村（［２００６］１４９-１５３ページ）をご覧ください。

（2）Yamamura and Tsutsui [2017b].

（3）Yamamura and Mano [2012].

（4）勤務している西南学院大学で、私は他分野の同僚に対して「先生」付けでよぶ。経済学以外の分野では、相互に「先生」を付ける習慣があるからだ。経済学では一般に、年齢が上の人には「先生」付けで、それ以外は「さん」付けでよぶことが多い。私の場合は、実際に指導を受けた場合は「先生」、それ以外の経済学者は「さん」付けでよぶようにしている。経済学者の文化は日本では特殊なのだ。ただし、経済学者であっても、互いに「先生」とよぶことを好む人に対しては「先生」とよぶ。

これが、海外の経済学者となると日本以上にフランクだ。初対面のときだけプロフェッサーとよんで様子を窺う。大抵2回目からは、ファーストネームでよびあう。少なくとも共同研究などをするためには、必ずファーストネームでよびあう関係を構築する必要がある。よほど相手が変わり者でない限り、いかなる大家に対しても、これが当てはまる。なので、アリソンというファーストネームでよぶ関係の場合、日本の感覚ならファミリーネームのブース（Booth）さん、あるいはブース先生とよぶことになる。研究者の世界でも、人情の機微は複雑なのである。

（5）Booth and Yamamura [2018].

（6）Becker and Murphy [1988].

（7）Yamamura [2009b].

（8）この害のことを経済学では「負の外部性」とよぶ。これを解決することは、経済学の主要テーマの1つである。

（9）これを経済学では「正の外部性」とよぶ。

（10）Yamamura [2008].

（11）Yamamura [2011c].

（12）これを経済学では補完関係と言う。

（13）Yamamura and Tsutsui [2019b].

（14）妻の妊娠は男性の喫煙本数を減らすとはいえ、タバコを止めるきっかけになっているか否かは定かではない。妊婦の胎内の子供への影響は、母親の喫煙のように直接的ではないからだろう。

（15）Fernandez, Fogli and Olivetti [2004] ;Kawaguchi and Miyazaki [2009]. これらの研究をマザコン研究というカテゴリーに分類したのは私が初めてである。一般的には、女性が息子に影響を与え、社会を変革していくという主張を支持する研究とみなされることが多い。

（16）Fernandez, Fogli and Olivetti [2004]. 学術論文の引用回数のデータベースであるGoogle Scholarによると、同論文の引用回数は６７０回に及ぶ（２０１９年２月24日閲覧）。なお、Fernandezの全業績の合計引用回数は１万２８６回である。

（17）Kawaguchi and Miyazaki [2009].

（18）Yamamura and Tsutsui [2020].

（19）母から息子、女性教師から男子生徒、娘から父親への影響を本書では主に紹介した。この他に、私は日本のデータを利用した分析により、妻が政治に関心がある場合、その夫は女性の社会参加に肯定的な考えを持つようになることを発見している（Yamamura [2010]。

（20）ザック［２０１３］。

（21）例えば、Oswald and Powdthavee [2010] や Washington [2008]. さらに、父親が子育てに参加すると、父親が娘から受ける効果はより大きくなる（Borrell-Porta, Costa-Font and Philipp [2019]）。

（22）Cronqvist and Yu [2017].

（23）ある日娘と一緒にサーカスを観ていたときに、良いアイディアがわき論文を書いたそうだ。その論文は、後にアメリカの経済学者のノーベル賞受賞研究に大きな影響を与えたことで知られる。

おわりに　共同体のどこが合理的なのか？

「近隣の人と付きあって良いこともあるけど、なかなか大変だ。しがらみができたり、気を使わないと文句言われたり……」

ソファに座り、ヨガのポーズのように足を組みつつ上半身だけを45度くらいこちらに向け、質問に答えてくれる。私は近隣の人達との人間関係についてたずねたのだ。１９９３年の夏、エジプトの首都カイロのマンションの一室に、バックパッカー仲間数名と一緒に遊びに行った。日本人旅行作家である、田中真知氏と奥様が居住している。

田中氏は親切な人で、当時はまだ30代前半の若さだが、20代前半のバックパッカー達からすると、兄貴分のような存在だった。バックパッカーを自宅によんで開催したパーティの写真があった。大学1年生のときのクラスメートが写っている。「カズは面白くて、いい奴だった」とのこと。早稲田には私のような人間が、たくさんいたのだ。

田中氏は、取材旅行で出かけるそうで、留守中の部屋の管理をバックパッカーの1人が頼まれている。植物への水遣りなど、細かな指示も出ていた。自由人でありながら表現活動によって、生活可能な収入も得ているようだ。連載している雑誌を見せてもらうと美しい旅行写真と、面白そうな旅行記が書かれている。

机の上に英語の原書ペーパーバックと英和辞典、そしてノートがおいてある。初めて翻訳の仕事を引き受けたそうで、毎日2〜3ページずつ原文を日本語に置き換えているという。グラハム・ハンコックの『神の刻印』という本で、ジョージ・ルーカスとスティーブン・スピルバーグがタッグを組んで作った「レイダース　失われたアーク《聖櫃》」のような内容だと言う。[1] カイロでの日常生活についても、いろいろと質問してみる。祭りがあると流しの音楽家がやってきて演奏を始める。それに対してチップを与えるのが慣わしだそうだ。このような会話の中で、冒頭の質問のやり取りがあったのだ。

中世の地中海貿易では、マグリブ商人が大活躍し、地中海貿易の覇権を握っていた。経済学者のアブナー・グライフはその理由を考えた。[2] 距離的に離れた地中海の港を行き来しており、空間的な活動領域は広い。しかし、人間関係の距離感は近く、マグリブ商人同士でお互いのことをよく知っていた。濃密で長期的な人間関係を基盤にした非常に閉じられた村社会を形成していたのだ。マグリブ商人は仲間内の中で掟（非公式の取引のルール）

を共有していた。そして、この掟に違反し儲けた場合には、その噂はマグリブ商人全員に伝わり村八分にされた。

これは仲間内の取引関係から永久に追放されることを意味する。短期的な利益を得るために掟を破る者は、取引関係から得られたであろう長期的利益を失う。そのことを皆知っているために、掟を破る者はいない。このような報復を前提とした「信頼関係」により、取引は円滑に行われマグリブ商人は経済的利益を享受することができたのだ。しかしマグリブ商人の繁栄は長くは続かなかった。ジェノヴァ商人が台頭し、ついには地中海貿易の覇権を握ることになったからだ。

ジェノヴァ商人は公式のルールに従って取引を行った。ルール違反をすると裁判などによって罰せられる。仲間内の制裁ではなく、公権力を持つ司法によって裁かれるわけである。この場合、長期的な人間関係がなくても、誰でも自由に取引に参加できる。したがって仲間内ではなくても、より大きな利益を得られる相手と自由に取引することができる。つまり、取引への参加者が増えることによって、取引から得られる利益が大きくなるのだ。現代の経済学の考え方からすると、市場メカニズムが働くことによって、経済発展がもたらされたことになる。

濃密な人間関係によって形成される信頼は富をもたらすことがあるが、市場経済から得られる富ははるかに大きいのである。また、グライフが考える「信頼関係」は、共感などによるものではなく、あくまで自分の利益を追求する人間が集まって形成されるものである。この議論から、人間関係の「しがらみ」には利点があることがわかる。しかし「しがらみ」には、いやらしさが付きまとうものである。グライフの議論から抜けおちているのは、濃い人間関係は取引関係とは無関係の日常生活についても、個人の自由を束縛することである。

２０１４年、慶應義塾大学で開催された行動経済学会に出席していた。会場は三田キャンパスの正門近くにある真新しい南校舎である[3]。玄関には行動経済学会の看板に並んで、市民向けの教養講座の看板も出ている。何か気になるものが目に入った。そこには、「講師　田中真知」とあるではないか。学会の合間に、階段を下りてこっそり教養講座にもぐりこんだ。確かに、田中真知氏だ！　20年以上たっているのに、ほとんど同じ風貌だ。

部屋には香の香りが立ち込める。中東で使われているものだ。政情不安が激化する前の美しいシリアの生活がスライドで紹介されている。さらに、20年ほど昔のカイロでの祭りの様子もビデオ上映された。流しの音楽隊がやって来てにぎやかな曲を披露している。田中氏は、８年間のカイロ在住後に日本に帰国している。現在もライターを正業にしている。

教養講座の休憩時間に、声をかけた。20年前に自宅を訪問したことを伝えると非常に驚いていた。後で電子メールを田中氏に出し、20年前のお礼をした。冒頭の田中氏の言葉が記憶に残っており、現在の研究に関係していることも伝えた。返信してきた田中氏のメールには、次のように記されていた。

「あのころは、エジプトの濃密すぎる人間関係に疲れていたころなので、ネガティブ発言が多かったと思います。〈中略〉おのずとトラブルも起きるし、ものごとはスムースにいかないし、嫉妬もすごい。〈中略〉

ただ、帰国して、ひとさまに迷惑をかけるなといわれて、他者との助け合いすらできなくなってしまったいまの日本で暮らしていると、あのカイロの暮らしがなつかしくもあります。」

経済学者になった私の問題関心はここにある。20年前の田中真知氏の言葉は、バックパッカーだった私の記憶に刻み込まれ、現在の研究となっている。20年ぶりに出会った田中氏から届いた言葉は、これから20年経ても経済学者である私の記憶に残るだろう。慶應義塾での学会から福岡に帰り、田中氏の著書を書店で探した。旅行記コーナーに置かれた田中氏の本のページをめくると、略歴に慶應義塾大学経済学部卒業と記されていた。

［注］

（1）『神の刻印』の日本語訳は1996年に刊行されベストセラーになった。

（2）グライフ［2009］。

（3）教室には、年季の入った机や椅子が並んでいる。このレトロ感と校舎の現代性のミスマッチが素晴らしい。これらの机や椅子は、昭和から代々の塾生が使ってきたのだろう。塾生たちの歴史が宿っている。慶應義塾には資産家の子弟が集う。彼らは金で買えるものが多い。だからこそ、慶應では金で買えないものに価値をおいているように思える。

謝辞

子供の頃、空想癖があった。小学校での、授業中も心ここにあらず。頭の中では面白い出来事が連続して発生する。面白すぎて、止められなかった。作文が苦手で、話すことも苦手で、空想の内容を表現して伝えることはできなかった。「ぼーっ」とした冴えない子供である。何とか大学に入ることはできたが、今度は放浪癖で、数年間世界中を貧乏旅行していた。

運良く研究者になってはみたものの、キワモノ研究ばかりしていたので、同じ経済学者とはいえ周囲に私の研究に関心を持つ人はいない。ゼミ生相手に研究指導のふりをしながら、研究アイディアを披露していた。いろいろな出会いがあり、共通の研究に関心を持つ研究仲間が国内外にできた。そんなある日、東洋経済新報社の編集者である矢作知子さんから連絡が届いた。私が初めて新聞に書いた論説を読んだそうだ。電子メールの文面には次のような文言があった。

「……この分野に大変関心を持っておりまして、日本での興味深い事例を読みたいとずっと思っておりました。……よろしければ学会などで東京にいらっしゃる際など、ご研究のお話を伺えれば幸いです」

遠まわしな表現だけれど、これは要するに「本を書いてみませんか？」という意味だろう。ひょっとすると私の勘違いに過ぎないかもしれない。しかし「善は急げ」で、頭に浮かんだ本のタイトルや目次を記した簡単な企画書のようなものを返信してみた。これが、本書を書くことになった経緯だ。何とか初めての単著を世に出すことになった。苦悩に満ちた大学院時代、海外の学術誌へ投稿した学術論文が数え切れぬほど採用不可になった日々、これまで、さまざまな方々にお世話になった。

帰天された速水佑次郎先生には、研究者の道筋をつけていただいた。東京都立大学博士課程で正式な指導教官になっていただいた大塚啓二郎先生。また大塚先生と共同で研究プロジェクトを実施した園部哲史先生。大塚先生と園部先生には研究のイロハから論文刊行のノウハウまでを伝授していただいた。両先生には、今も心から感謝している。現在の私が研究を続けられているのも、先生達のご指導のおかげである。浅野晳先生には計量経済学の指導と博士論文の審査をつとめていただいた。澤田康幸さんや戸堂康之さんは、若手スター研究者で目がくらむほどまぶしかった。今は研究上の質問をすると、気前よく答えていただける。先生たちには質問できないほど初歩的な知識は、院生仲間の松本朋哉さん、真野裕吉君、申寅容さんに教えていただいた。人生の中で最も苦悩に満ちた博士課程の時期を乗り越えられたのも、これらの諸先生、研究仲間の支えがあったからこそである。御礼を申し上げたい。

　現在の共同研究者である筒井義郎さん、大竹文雄さんとの議論はいつも示唆に満ちており、研究のストーリーの重要性に気付かされる。とりわけ大竹さんには、本書全体に目を通して激励の言葉をかけていただいた上、推薦文もお寄せいただき、深謝したい。チャールズ・ユウジ・ホリオカさんや池田新介さんと話をすると、私の研究ネタを楽しんできいてくださる。大垣昌夫さんと話をするとキリストと経済の関係を考えさせられる。これまで、共同研究をした海外の研究者として特に、Alison Booth、Nattavudh Powdthavee、Russell Smyth、Fabio Sabatiniにお礼を述べたい。この他、研究関係でお世話になっている方々は数多くいる。この場をかりて、お礼を申し上げる。

　経済学者以外にも、多くの方々にお世話になった。特に次の方に、お礼を述べたい。理論物理学者の笹本智弘さん、ネコ学者の山根明弘さん、旅行作家の田中真知さんには、ご多忙中のところ御登場箇所の内容チェックをしていただいた。私の4年ゼミ生である大石尚緩君、経済学部生の増山貴繁君には、本稿全体を一般人の目線で通読してもらい、有益なコメントをいただいた。

編集者の矢作知子さんには、２０１８年12月の最初の打合せで、３年後の完成を目指しますと伝えていた。本を書いたことがないので、実は途方にくれていた。実際に書き始めると調子が出てきた。そして、翌年１月には突如として、早めの刊行を希望しますと無理なお願いをしていた。気ままな性質はバックパッカーの頃から変わらない。「承知しました」と返事をいただいたときに、身の引き締まる思いがした。無名の私の著作を世に出していただいたことに感謝したい。原稿を書き終えてから出版まで半年ほど。この間に周囲で印象深い出来事があった。父の死、西南学院にゆかりある中村哲医師の死、フランシスコ教皇の来日、終わりの後に始まりが来る。

元号が変わると世が変わるような感覚になる。これと対応するように、人が生まれて、去っていく。私の孫の代は、次の元号に生まれるかもしれない。曾孫の代ならば、ほぼ確実に次の元号に誕生するだろう。生きている人間も時代も変化する。一方、経済学の実証研究では、感性や考え方など世代を超えて生き続け経済社会に影響することが示されている[1]。しかしＡＩの登場は、人類史の中でも特筆する出来事だ。「義理と人情」はこれからも人間社会を動かす要素になるのだろうか？　実は「義理と人情」は古いようで、最先端の学術研究の対象でもある。

最後に一言、「愛しているよ」。この言葉を、亡父の昭夫、母の弘子、妻の真史、娘の紅巴、丹南に贈る。また、この本を読むであろう、孫（曾孫）に伝言があります。おじいちゃん（曾おじいちゃん）は、君たちのことを考えながら、頑張ってこの本を書いてみました、感想をきかせてください。

［注］

（1）一例をあげると、Algan and Cahuc [2010]。

文部科学省科学研究費補助金から研究助成を受けた研究を含む章は、次の通りである。

第3章の「金持ちと貧しい人が交流すると何が起きる?」は（基盤研究（Ｃ）２２５３０２９４：代表　山村英司）、第4章「女性は生まれつき競争が嫌い？　それとも競争嫌いになる?」および第5章「孫が生まれると、祖父母はどう変わる?」は（基盤研究（Ｂ）１６Ｈ０３６２８　代表：山村英司）、第5章の「喫煙者は自分の子供を見て何を思う?」は（基盤研究（Ａ）２３２４３０５２　代表：筒井義郎）。

第1章の「甲子園高校野球はなぜ全試合テレビ放送されるのか?」については、日本版General Social Surveys（ＪＧＳＳ）を利用している。ＪＧＳＳは、大阪商業大学ＪＧＳＳ研究センター（文部科学大臣認定日本版総合的社会調査共同研究拠点）が、東京大学社会科学研究所の協力を受けて実施している研究プロジェクトである。ＪＧＳＳ‐２０００～２００８は学術フロンティア推進拠点、ＪＧＳＳ‐２０１０～２０１２は共同研究拠点の推進事業と大阪商業大学の支援を受けている。

Yamamura, E. and Y. Tsutsui Managi, S. [2019] "Male Pupils Taught by Female Homeroom Teachers Show Higher Preference for Corporate Social Responsibility in Adulthood," *Journal of Japanese and International Economies,* 54.

Yamamura, E., Y. Tsutsui and O. Ohtake [2017] "Altruistic and Selfish Motivations of Charitable Giving: Case of the Hometown Tax Donation System in Japan," *ISER Discussion Paper,* 1003, Institute of Social and Economic Research, Osaka University.

Yamamura, E. [2012d] "Charitable Giving under Inequality Aversion and Social Capital," *Economics Bulletin,* 32 (4): 3140–3147.

Yamamura, E. [2014] "The Effect of Young Children on Their Parents' Anime Viewing Habits: Evidence from Japanese Micro Data," *Journal of Cultural Economics,* 38 (4): 331–449.

Yamamura, E. [2015] "Wage Disparity and Team Performance in the Process of Industry Development," *Journal of Sports Economics,* 16 (2): 214–223.

Yamamura, E. [2017] "Identity, Nostalgia and Happiness among Migrants: The Case of the Kōshien High School Baseball Tournament in Japan," *Pacific Economic Review,* 22 (5): 792–813.

Yamamura, E. [2019] "Gender Wage Gap and Its Effect on Test Scores of Immigrant Students," *Journal of Economic Studies,* 46 (4): 872–887.

Yamamura, E. and Y. Mano [2012] "An Investigation into the Positive Effect of an Educated Wife on her Husband's Earnings," *International Advances in Economic Research,* 18 (4): 409–416.

Yamamura, E. and I. Shin [2016] "Effect of Consuming Imported Cultural Goods on Trading Partners' Tolerance toward Immigrants: The Case of Japanese Anime in Korea," *Review of World Economics,* 152 (4): 681–703.

Yamamura, E. and Y. Tsutsui [2017a] "Comparing the Role of Height between Men and Women in the Marriage Market," *Economics and Human Biology,* 26: 42–50.

Yamamura, E. and Y. Tsutsui [2017b] "Gap of Height and Education within Couple and Its Effect on Conflict and Evaluation about Partners: Psychological Cost of Division of Labor Within Household," *Discussion Papers in Economics and Business,* 17–35, Osaka School of International Public Policy (OSIPP).

Yamamura, E. and Y. Tsutsui [2019a] "Trade Policy Preference, Childhood Sporting Experience, and Informal School Curriculum: An Examination of Views of the TPP from the Viewpoint of Behavioral Economics," *Review of International Economics,* 27 (1): 61–90.

Yamamura, E. and Y. Tsutsui [2019b] "Effects of Pregnancy and Birth on Smoking and Drinking Behaviours: A Comparative Study Between Men and Women," *Japanese Economic Review,* 70 (2): 210–234.

Yamamura, E. and Y. Tsutsui [2020] "Spousal Gaps in Age and Identity, and Their Impact on the Allocation of Housework," forthcoming in *Empirical Economics.*

terly Journal of Economics, 120: 963–1002.

Munshi, K. [2003] "Networks in the Modern Economy: Mexican Migrants in the U.S. Labor Market," *Quarterly Journal of Economics*, 118 (2): 549–599.

Oswald, A. J. and N. Powdthavee [2010] "Daughters and Left-wing Voting," *Review of Economics and Statistics*, 92: 213–227.

Piketty, T. [1995] "Social Mobility and Redistributive Politics," *Quarterly Journal of Economics*, 110 (3): 551–584.

Washington, E. [2008] "Female Socialization: How Daughters Affect Their Legislator Fathers' Voting on Women's Issues," *American Economic Review*, 98: 311–332.

Yamamura, E. [2008] "Socio-economic Effects on Increased Cinema Attendance: The Case of Japan," *Journal of Socio-economics*, 37 (6): 2546–2555.

Yamamura, E. [2009a] "Dynamics of Social Trust and Human Capital in the Learning Process: The Case of the Japan Garment Cluster in the Period 1968–2005," *Journal of Economic Behavior and Organization*, 72 (1): 377–389.

Yamamura, E. [2009b] "Rethinking Rational Addictive Behavior and Demand for Cinema: A Study Using Japanese Panel Data," *Applied Economics Letters*, 16 (7): 693–697.

Yamamura, E. [2010] "How Do Female Spouses' Political Interests Affect Male Spouses' Views About a Women's Issue?" *Atlantic Economic Journal*, 38 (3): 359–370.

Yamamura, E. [2011a] "Game Information, Local Heroes, and Their Effect on Attendance: The Case of the Japanese Baseball League," *Journal of Sports Economics*, 12: 20–35.

Yamamura, E. [2011b] "The Role of Social Trust in Reducing Long-term Truancy and Forming Human Capital in Japan," *Economics of Education Review*, 30 (2): 380–389.

Yamamura, E. [2011c] "The Effects of the Social Norm on Cigarette Consumption: Evidence from Japan Using Panel Data," *Japan & World Economy*, 23 (1): 6–12.

Yamamura, E. [2012a] "Social Capital, Household Income, and Preferences for Income Redistribution," *European Journal of Political Economy*, 28 (4): 498–511.

Yamamura, E. [2012b] "The Effect of Social Trust on Achievement Test Performance of Students in Japan," *Applied Economics Letters*, 19 (7): 645–648.

Yamamura, E. [2012c] "Effect of Linguistic Heterogeneity on Technology Transfer: An Economic Study of FIFA Football Rankings," *Atlantic Economic Journal*, 40 (1): 85–99.

American Economic Journal: Applied Economics, 5 (3): 189–210.

Andreoni, J. [1989] "Giving with Impure Altruism: Application to Charity and Ricardian Equivalence," *Journal of Political Economics,* 97 (6): 1447–1458.

Andreoni, J. [1990] "Impure Altruism and Donations to Public Goods: A Theory of Warm-glow Giving," *Economic Journal,* 100 (401): 464–477.

Becker, G. S. and K. M. Murphy [1988] "A Theory of Rational Addiction," *Journal of Political Economy,* 96 (4): 675–700.

Booth, A. and E. Yamamura [2018] "Performance in Mixed-sex and Single-sex Tournaments: What We Can Learn from Speedboat Races in Japan," *Review of Economics and Statistics,* 100 (4): 581–593.

Borowiecki, Karol J. [2017] "How Are You, My Dearest Mozart? Well-Being and Creativity of Three Famous Composers Based on Their Letters," *Review of Economics and Statistics,* 99 (4): 591–605.

Borrell-Porta, M., J. Costa-Font and J. Philipp [2019] *The 'Mighty Girl' Effect: Does Parenting Daughters Alter Attitudes towards Gender Norms?* Oxford Economic Papers.

Byun, S. K. and J. M. Oh [2018] "Local Corporate Social Responsibility, Media Coverage, and Shareholder Value," *Journal of Banking and Finance,* 87 (C): 68–86.

Cronqvist, H. and F. Yu [2017] "Shaped by Their Daughters: Executives, Female Socialization, and Corporate Social Responsibility," *Journal of Financial Economics,* 126 (3): 543–562.

Fernandez, R., A. Fogli and C. Olivetti [2004] "Mothers and Sons: Preference Formation and Female Labor Force Dynamics," *Quarterly Journal of Economics,* 119: 1249–1299.

Granovetter, M. [1973] "The Strength of Weak Ties," *American Journal of Sociology,* 78 (6): 1360–1380.

Giuliano, P. and A. Spilimbergo [2014] "Growing up in a Recession," *Review of Economic Studies,* 81 (2): 787–817.

Ito, T., K. Kubota and F. Ohtake [2014] "The Hidden Curriculum and Social Preferences," *RIETI Discussion Paper Series,* 14-E-024.

Kawaguchi, D. and J. Miyazaki [2009] "Working Mothers and Sons' Preferences Regarding Female Labor Supply: Direct Evidence from Stated Preferences," *Journal of Population Economics,* 22 (1): 115–130.

Luttmer, E. [2005] "Neighbors as Negatives: Relative Earnings and Well-Being," *Quar-*

J・M・ケインズ［1959］『人物評伝』熊谷尚夫・大野忠男訳、岩波書店。

サン＝テグジュペリ［2006］『星の王子さま』河野万里子訳、新潮文庫。

アダム・スミス［2003］『道徳感情論（上・下）』水田洋訳、岩波文庫。

ポール・J・ザック［2013］『経済は「競争」では繁栄しない：信頼ホルモン「オキシトシン」が解き明かす愛と共感の神経経済学』柴田裕之訳、ダイヤモンド社。

リチャード・E・ニスベット、ドヴ・コーエン［2009］『名誉と暴力：アメリカ南部の文化と心理』石井敬子・結城雅樹編訳、北大路書房。

ベンジャミン・パウエル［2016］『移民の経済学』藪下史郎監訳、東洋経済新報社。

トマ・ピケティ［2014］『21世紀の資本』山形浩生・守岡桜訳、みすず書房。

マイケ・ファン・デン・ボーム［2016］『世界幸福度ランキング上位13ヵ国を旅してわかったこと』畔上司訳、集英社。

レイモンド・フィスマン、エドワード・ミゲル［2014］『悪い奴ほど合理的：腐敗・暴力・貧困の経済学』NTT出版。

ピエール・ブルデュー［1991］『構造と実践：ブルデュー自身によるブルデュー』石崎晴己訳、藤原書店。

ジェームズ・J・ヘックマン［2015］『幼児教育の経済学』古草秀子訳、東洋経済新報社。

イリス・ボネット［2018］『WORK DESIGN：行動経済学でジェンダー格差を克服する』NTT出版。

ピーター・T・リーソン［2011］『海賊の経済学：見えざるフックの秘密』山形浩生訳、NTT出版。

スティーヴン・D・レヴィット、スティーヴン・J・ダブナー［2006］『ヤバい経済学：悪ガキ教授が世の裏側を探検する』望月衛訳、東洋経済新報社。

ウリ・ニーズィー、ジョン・リスト［2014］『その問題、経済学で解決できます。』望月衛訳、東洋経済新報社。

英語文献

Abramitzky, R., L. Einav and O. Rigbi［2010］"Is Hanukkah Responsive to Christmas?" *Economic Journal,* 120: 612–30.

Akerlof, G. A., R. E. Kranton［2000］"Economics and Identity," *Quarterly Journal of Economics,* 115: 715–753.

Algan, Y. and P. Cahuc［2010］"Inherited Trust and Growth," *American Economic Review,* 100 (5): 2060–2092.

Algan, Y., P. Cahuc and A. Shleifer［2013］"Teaching Practices and Social Capital,"

参考文献

日本語文献

新井紀子［2018］『AIvs.教科書が読めない子どもたち』東洋経済新報社。

猪瀬直樹［2010］『昭和16年夏の敗戦』中央公論新社。

岩澤美帆・三田房美［2005］「職縁結婚の盛衰と未婚化の進展」『日本労働研究雑誌』535号、16–28ページ。

亀田達也［2017］『モラルの起源：実験社会科学からの問い』岩波書店。

神取道宏［2014］『ミクロ経済学の力』日本評論社。

木村草太編著［2018］『AI時代の憲法論：人工知能に人権はあるか』毎日新聞出版。

小林慶一郎編著［2018］「経済成長と新しい社会契約」『財政破綻後：危機のシナリオ分析』日本経済新聞出版社。

佐々木勝［2011］「賃金はどのように決まるのか：素朴な疑問にこたえる」『日本労働研究雑誌』611号、4–13ページ。

島澤諭［2019］「財政運営大衆迎合避けよ 100兆円予算を問う㊦　経済教室」『日本経済新聞』2019年1月23日、24面。

丹道夫［2017］『「富士そば」は、なぜアルバイトにボーナスを出すのか』集英社。

堂目卓生［2008］『アダム・スミス：「道徳感情論」と「国富論」の世界』中央公論新社。

西村和雄［2006］『満員御礼！　経済学なんでもお悩み相談所』日本経済新聞社。

速水佑次郎［2000］『新版　開発経済学　諸国民の貧困と富』創文社。

藤沢モト［2012］『大丈夫、死ぬまで生きる　碁打ち　藤沢秀行：無頼の最期』角川書店。

藤原正彦［2005］『国家の品格』新潮社。

山中伸弥・平尾誠二・惠子［2017］『友情 平尾誠二と山中伸弥「最後の一年」』講談社。

山村英司［2018］「ふるさと納税見直しへ　利他的動機の行動尊重を原点回帰　返礼品禁止が筋　経済教室」『日本経済新聞』2018年10月8日、24面。

翻訳文献

ダロン・アセモグル、ジェイムズ・A・ロビンソン［2013］『国家はなぜ衰退するのか：権力・繁栄・貧困の起源　下』鬼澤忍訳、早川書房。

J・D・ヴァンス［2017］『ヒルビリー・エレジー：アメリカの繁栄から取り残された白人たち』関根光宏・山田文訳、光文社。

アブナー・グライフ［2009］『比較歴史制度分析』岡崎哲二・神取道宏訳、NTT出版。

【著者紹介】
山村英司（やまむら　えいじ）
1968年北海道生まれ。1995年早稲田大学社会科学部卒業、1999年早稲田大学大学院経済学研究科博士前期課程修了。2002年東京都立大学大学院社会科学研究科経済学専攻単位取得退学、2003年西南学院大学経済学部専任講師、助教授、准教授などを経て、2011年より西南学院大学経済学部教授。博士（経済学）。専門は行動経済学、経済発展論。

義理と人情の経済学

2020年4月9日発行

著　者――山村英司
発行者――駒橋憲一
発行所――東洋経済新報社
〒103-8345　東京都中央区日本橋本石町1-2-1
電話＝東洋経済コールセンター　03(6386)1040
https://toyokeizai.net/

カバーデザイン……橋爪朋世
D T P……………アイランドコレクション
印　刷……………図書印刷
編集担当……………矢作知子

ISBN 978-4-492-31527-9